L'arte Dell' Arazzo...

G. B. Rossi

L'ARTE DELL'ARAZZO

Italia Industriale Artistica - Roma. Sez. LAVORI TIPOGRAFICI.
FREGI DI DUILIO CAMBELLOTTI - COPERTINA DI ERULO EROLI.
RIPRODUZIONI DELL'OFFICINA DI FOTO-INCISIONE IN S. MICHELE.

G. B. ROSSI

L'ARTE DELL'ARAZZO

CON PREFAZIONE

DI

UGO OJETTI

130 illustrazioni

ULRICO HOEPLI

EDITORE LIBRAIO DELLA REAL CASA

MILANO

—

1907

PROPRIETÀ LETTERARIA E ARTISTICA

Roma, 1907 — Tip. Editr. Romana, via della Frezza, 59-61.

ALLA SANTA MEMORIA

DEI

MIEI GENITORI

PREFAZIONE

Questo manuale, che per la prima volta in Italia riassume con esattezza la storia dell'arazzo e ne descrive con chiarezza la tecnica, per avere tutta la fortuna che merita dovrebbe compiere un miracolo: riconciliare la vita moderna con l'arte dell'arazzo.

L'arte dell'Arazzo oggi vegeta non vive. È stata per secoli il segno fastoso e durevole della potenza, prima della Chiesa, poi, per le mode orientali entrate nell'occidente d'Europa con le crociate, anche delle corti e dei patrizi più ricchi. La nuova borghesia la disdegna; tutt'al più orna d'arazzi antichi, acquistati a gran prezzo, le proprie dimore, soddisfatta che gli antichi stemmi altrui tessuti dentro quelle lontane storie d'altre imprese e spesso d'altre nazioni aggiungano un riflesso di nobiltà allo splendore dei suoi ori nuovissimi. Chè, pure trasmutate in bellezza d'allegorie, la nostra epoca e la nostra società siano degne d'essere rappresentate su questi *tessuti davvero eterni, tanto quanto son quotidianamente rappresentate dalle altre arti, nessuno pensa. L'arazzo resta per tutti un fatto d'altri tempi. Municipii, chiese, case regnanti che ne posseggono ancora, dimenticano nelle solennità di svolgerli dalle barre e di scuoterne le tarle e d'esporli al sole e alla folla: modestia e forse paura di mostrare il proprio lusso. Quei pochi che restano esposti nelle gallerie o nelle sale di qualche palazzo pubblico, sono condannati all'immobilità, cuciti su due verghe contro le pareti, per sempre, e irrigiditi come tele dipinte non oscillano più dai balconi ad ogni processione e ad ogni corteo, non vedono più il sole delle feste nei grandi parchi tra albero e albero, non coprono più le arcate delle logge o le porte dei saloni, scossi e scostati dalle mani inguantate per lasciar passare con un brivido una bellezza o una potenza. Sono esiliati e sono prigionieri.*

Del resto in Italia, abolita nel 1737 la manifattura di Firenze, distrutta nel 1799 quella di Napoli, chiusa nel 1832 quella di Torino, agonizzante in Roma quella Vaticana e quella di San Michele e ridotte a mendicare commissioni e rammendi di pochi scudi per non morire, soltanto lo Stato potrebbe ormai ravvivare con un sussidio continuo quest'arte nobilissima e costosa. Ma anche questa protezione dello Stato non basterebbe a farla risorgere, se tutt'i pubblici poteri e i cittadini ricchi non tornassero ad amarla e ad usarne per ogni addobbo le opere. Un esempio della mancanza di gusto e di praticità delle arazzerie di Stato è dato dalla manifattura governativa francese, detta ancora dei Gobelins, la quale ormai troppo spesso s'accontenta di riprodurre soltanto quadri di pittori moderni: errore gravissimo il quale toglie appunto all'arazziere ogni indipendenza d'interpretazione e ne fa uno stentato copista.

La pittura ha infatti un punto d'osservazione fisso e può permettersi anche d'abbassare rispetto ad esso, secondo la realtà, la linea dell'orizzonte; l'arazzo che è mobile di sua natura e dev'essere decorativo prima che descrittivo e deve restare appeso, non teso e fisso, preferisce, invece, la prospettiva saliente e l'alta linea d'orizzonte che fu cara a tutti i pittori decorativi fino al cinquecento e che restò una norma per tutti i veri inventori d'arazzi: dal Van Orley negli arazzi della Battaglia di Pavia a Napoli allo stesso Raffaello negli arazzi vaticani, da Luca di Leyda in quei di Bologna a Giulio Romano in quelli del Duomo di Milano, per dir solo degli arazzi che sono in Italia. Anche, la scena raffigurata in un arazzo deve essere affollata e distribuita per modo da formare ai lati con figure o con architetture o con alberi quasi due « quinte d'ombra » e di sostegno, e il Müntz giustamente osava osservare che fra i cartoni di Raffaello quelli della Pesca Miracolosa e della Consegna delle Chiavi a San Pietro, con pochi personaggi e vasti cieli, sarebbero capolavori dipinti a fresco, ma sembrano violare tutte le regole dell'arte dell'arazzo. Come obbedire a queste regole copiando docilmente un quadro ad olio?

Forse, perchè può essere più piccolo e di più facile invenzione, l'arazzo a motivi ornamentali potrà prima dei grandi arazzi descrittivi, esser capace di richiamar l'amore e il gusto dei moderni: gli arazzi eseguiti da Erulo Eroli pel Comune di Roma sono un bell'esempio di questa possibilità.

Ma chi leggerà in questo libro le somme enormi che anche piccole corti come quella d'Urbino e piccole repubbliche come quella di Siena osavano destinare ai loro arazzi, e il costo anche oggi d'un arazzo nuovo vedrà, di pagina in pagina, quanto la protezione dello Stato sia, almeno per ricominciare, necessaria.

Se questa protezione verrà, questo libro avrà il merito d'aver rammentato esattamente e piacevolmente, in questo triste periodo d'abbandono d'ogni bella tradizione nostra, i tempi e il modo con cui sapemmo, quando volemmo, diventar maestri e padroni d'un'arte che non era nata da noi e che pure per opera dei nostri artisti e dei nostri governi raggiunse tanta magnificenza e tanta gloria da dar dall'Italia luce sul mondo.

Tempi lontani... Non potendo riviverli, è bello rievocarli. Gli uomini di buona volontà e di precisa cultura come l'autore di questo libro, non hanno oggi altro modo per prepararne il ritorno.

UGO OJETTI.

L'ARAZZO

—

CENNI STORICI

—

Il tessuto ch'ebbe nome di « arazzo », da Arras di Francia, è una stoffa che costituisce una vera e propria opera d'arte, con fini e manifestazioni tutte sue speciali.

L'arazzo differisce da ogni altra stoffa perchè ornati e figure fanno parte integrale del suo tessuto e perchè ogni sua parte è vera e propria manifattura nuova ed originale e non mai ripetuta, talchè ben si potè definire *pittura in materia tessile.*

La storia dell'arazzo, vera e completa, non venne ancor fatta. Si sa, con una qualche precisione ed ampiezza, dell'opera dei sommi maestri, che hanno intessuto su cartoni dei grandi artisti, in maggioranza italiani; ma, mentre s'è fatta e si continua a sviscerare e completare, con ogni cura e studio, la storia della pittura e della scoltura, anche in rapporto all'arte più decadente e men bella, alla storia della nobile arte dell'arazzo non si diede, invece, finora, che ben poca importanza, talchè una grande e ragguardevole produzione di maestri d'ogni paese rimane presso che sconosciuta, e da noi manca pur anche un qualsiasi trattato o manuale d'arazzeria. Ci lusinghiamo perciò, che l'opera nostra, pur se incompleta e disadorna e fors'anche in qualche parte errata, possa tornare di una qualche utilità.

* * *

Come manifattura l'arazzo può definirsi: una trama svolta su un'orditura verticale (in *alto liccio*) od orizzontale (in *basso liccio*) così da formare un tessuto ornamentale unico e compatto, con disegni e colori quali il pittore ottiene dall'arte sua.

L'arazzo dall'antica città, patria di Robespierre, ebbe il nome, ma non l'origine.

La storia della bell'arte risale ai tempi più remoti. In Egitto, in Asia ed in Grecia essa fu in onore migliaia d'anni prima dell'èra nostra. Nelle tende delle prime genti nomadi stesse, nei templi e nelle case più antiche fu d'uso ed ornamento comune.

Le tappezzerie riparavano dai raggi solari e dal freddo, fungevano da pareti nelle case primitive e decoravano i sacelli delle deità.

Plinio il vecchio ricorda come Omero ne cantasse, mostrandoci Elena, Andromaca e Calipso sedute al telaio; come i Frigi intessevano delle stoffe con figure e ricami, che da essi ebbero nome *frigionie*; come re Attalo tramandasse parimenti stoffe intessute con dell'oro, che vennero dette *attaliche*. Ricorda, ancora, e decanta i tessuti di Babilonia, di Alessandria e di Gallia.

Intessevano, canta Ovidio, Minerva ed Aracne in nobile gara. Erodoto dice che la corazza donata dal re Amasis ai Lacedemoni era di lino, intessuta con figure d'animali in oro e cotone.

Presso i Greci — lo vediamo in tutte le opere di

poeti e storici — l'arte del tessere stoffe ornamentali, con figure e fregi, seguì sempre il fiorire dell'arte architettonica, toccando l'apogeo nel secolo di Pericle. E noi vediamo una camera del palazzo di Priamo rigurgitante di tappezzerie intessute da schiave Sidonie rapite da Paride.

Uno dei pretendenti di Penelope offre all'amata un grande e magnifico velo tutto ornato, da dodici anelli d'oro massiccio sospeso ad altrettante aggraffe ricurve. Il mestiere della saggia donna stessa è quel del tessere.

Essa, per prendere tempo e procrastinare di fronte ai suoi pretendenti, intesse il grande e splendido velo in cui sarà avvolto il corpo dell'eroe Laerte. E a chi le dice che Ulisse è morto e più non tornerà, risponde: « aspettate che prima di rimaritarmi abbia terminato questo mio velo, affinchè i fili del tessuto non vadano perduti. Esso avvolgerà il corpo dell'eroe Laerte. E voi non vorrete che, quando la Parca inesorabile farà cadere l'eroe nel sonno di morte, un dei figli del popolo di Atene possa rimproverarmi di abbandonare senza velo il corpo d'un re che ha posseduto tanti domini ».

E la saggia donna continua l'opera sua ed intesse tutto il giorno e quel che ha fatto disfà la notte, a lume di torcia, perchè l'opera sua duri, duri a lungo!

In un vaso antico d'epoca poco posteriore — trovato in quel di Chiusi e che rimonta certo a 400 anni a. C. — Penelope è raffigurata presso il proprio telaio, la disposizione del quale è quasi del tutto quella dei telai ad alto liccio.

Unica variante, nel telaio del vaso, che il lavoro prin-

cipia dall'alto per venire avvolto man mano; e i licci
pendono liberi, tesi da tanti piombini, situati in basso.

Il mestiere di Penelope. — Da un vaso antico.

Elena, nell'*Iliade*, essa pure intesse una grande tela
raffigurante i combattenti di Troia. Nella capitale ellenica, ogni quattro anni si rinnovella, per portarlo in processione alle feste panatence, il peplo d'Atena fatto dalle
mani verginali di Errefora. È questo un grande tessuto di lana a fondo d'oro, raffigurante il lavoro della
Dea.

Ma, a provare l'antichità del tessuto a mo' d'arazzo, abbiamo di meglio; abbiamo, cioè, un ipogeo egizio di

L'alto liccio presso gli egiziani. — Da pittura di un ipogeo dei Beni Hassan.

Beni Hassan, che data da oltre 3000 anni a. C., in cui un vero e proprio telaio ad alto liccio è chiaramente raffigurato. Ed abbiamo — riprodotta in una stampa dall'archeologo russo Stephani — una stoffa di lana del IV secolo a. C. fatta ad arazzo, con figure ed animali, con questa eccezionale particolarità che *recto* e *verso* del tessuto sono esattamente uguali.

A provare ancora come le tappezzerie d'arazzo fossero nelle città niliache in grande onore fin dai primi tempi si ha, inoltre, un'altra pittura egizia che ci mostra una stoffa con disegni ornamentali, sospesa al fondo di un'edicola; ed una vera e propria tappezzeria con figure ammirasi in una preziosa collezione inglese; e saggi di tessuto d'alto liccio antichissimi si hanno al Museo del Louvre a Parigi.

Dalle sponde del Nilo passando al Tigri e all'Eufrate, noi vediamo, in un bassorilievo d'uno degli alabastri, un tempo già dipinti, che ricoprivano le pareti del palazzo di Ninive, un'altra prova come la nobile arte fosse da tempo conosciuta; e gli antichi scrittori tutti ci decantano l'eccellenza dei tessuti di Babilonia.

Nel libro d'Ester si legge come in una festa data da Assuero era, ovunque per le sale del Palazzo, uno splendore di tappezzerie dai più sfolgoranti colori.

E nel *Philostrate* del filosofo pitagorico Apollonio Tianeo leggesi che il palazzo dei Re di Babilonia era tutto fulgente per magnifici tessuti rappresentanti fatti della storia e della mitologia antica: Roma stessa, ne fanno fede tutti i poeti e storici latini, va pazza per *triclinaria e babylonica peristromata*; e, nonostante il dispregio in cui li ha Catone — che disdegnosamente si libera (vendendola, però!) di una tappezzeria, avuta in eredità — paga i peristromata a peso d'oro. Metello Scipione spende 800,000 sesterzi (168,000 franchi) per dei *triclinaria babylonica* e Nerone paga ancora di più, ben quattro milioni di sesterzi (L. 800,000) per un velario teatrale immane rappresentante Apollo che guida un carro trionfale.

Plauto, poi, ricorda i *peristromata... picta Campaniae...*; e alla caduta dell'Impero noi vediamo le tappezzerie invadere case, ville e tempi.

Tornando alla Grecia, si rileva come Fidia volle ornato il Partenone di tappezzerie, una delle quali rappresentava la Battaglia di Salamina. Alessandro Magno dà alla bell'arte, egli pure, grande impulso, e per ornare le sue tende di guerra, per le sue nozze colla figlia di Dario e pei funerali dell'amico Efestion, spende, in tappezzerie ornate di figure di uomini e di animali, somme che ancor oggi parrebbero favolose. E i suoi successori Ptolomeo Filadelfo e P. Filopator nutrono, anch'essi, egual passione artistica.

Dalla Grecia l'arazzo passa alla Magna Grecia, alla Sicilia, alla Campania e al Lazio.

Un affresco di Pompei riproduce una tappezzeria romana del tempo.

E. Q. Visconti riscontra dei disegni d'arazzo in un mosaico di Palestrina.

G. B. De Rossi ci mostra dei motivi del bel tessuto in una basilica romana del V secolo, innalzata da Quirino Basso.

Al museo di Napoli, al Kircheriano in Roma si hanno altri eguali esempi.

Presso i Romani l'arazzo sale a così grande stima che la bell'arte viene considerata come una forma della pittura, e se ne porta la produzione alla più alta manifestazione. E noi vediamo Catullo, come già Ovidio nelle *Metamorfosi*, ricordare, descrivendo le nozze di Peleo e di Teti, che il letto della dea era tutto ricoperto di brillanti tessuti raffiguranti antiche immagini, vere meraviglie d'arte pittorica.

A Siracusa, poi, e a Sibari la tappezzeria ebbe una vera età d'oro e per essa si profusero tesori.

Il vestito di Alcistene, venduto ai Cartaginesi da Dionisio il vecchio, intessuto ad arazzo, con figure di deità e di animali sacri, venne, a Sibari, pagato ben 120 talenti, ossia 600,000 franchi.

Antico arazzo arabo-ispano.

Passiamo ad altre genti e ad altre età, e noi vediamo, ancora, come gli Ebrei dell'antichità per l'arte squisita abbiano essi pure vera passione e rispetto. Gli Ebrei avevano appreso la bell'arte negli anni della loro cattività sulle sponde dell'Eufrate; e reduci da Babilonia, vollero il loro tempio tutto adorno di splendide tappezzerie.

E i sacerdoti stessi vanno adorni di paramenti d'arazzo preziosissimi. E così, se andiamo verso l'estremo Oriente, in Cina, troviamo che anche nell'impero di

Antico arazzo arabo-ispano, ricostruito.

mezzo, 3000 e più anni a. C. l'arazzo gode di ogni più grande ammirazione.

Venendo ad epoche men lontane, rilevasi che la tappezzeria rappresenta una vera e propria necessità per le prime genti d'Islam. Costretti a vivere sotto le tende e sempre in guerra, essi non conoscono altro lusso che tappeti, tappezzerie e armi.

Nelle officine di Kalmun, Bahnessa, Danbik e Damasco si tessono splendide tappezzerie. E benchè la severa estetica del Corano proscriva l'arte del disegnare figure umane, tuttavia noi vediamo che nell'alto liccio essa non è abbandonata.

Riscontrasi, anzi, che caccie, feste, concerti, danze d'almee, combattimenti e quante altre scene della vita formano soggetto per isplendide tappezzerie.

I ritratti stessi dei califfi e sovrani sono riprodotti; e il palazzo del califfo abasside Motuakil (m. 861) ne va tutto adorno.

La santa Kabaa della Mecca stessa è tutt'ornata, come un tempo il santo tabernacolo degli Ebrei, di ricche tappezzerie, dono dei fedeli.

Ed è tanto il peso di esse che nel 776 il celebre santuario minaccia d'esserne rovinato.

Nel 1183 il viaggiatore siciliano di origine araba, Ibn d'Scober, visitando la santa città, rimane estatico di fronte alla ricchezza delle tappezzerie della Kabaa.

Nel 964 Moez ed din Allah di Cheiruan fa tessere una tappezzeria, che costa ben 268,000 franchi, rappresentante una specie di carta geografica con mari e monti, fiumi, vie e città, fra le quali ultime risaltano le città sante di Mecca e di Medinet en-Nebi.

Ogni località, nella preziosa e grande opera, è indicata con lettere in oro, argento e seta.

Nel 1067, al Cairo, all'epoca di una insurrezione trovasi che, il tesoro di Mostanser rigurgita di migliaia di tappeti e tappezzerie, fra le quali più di mille tappezzerie rappresentano le varie dinastie con ritratti e nomi di sovrani e di uomini celebri.

MUSEO DI NAPOLI.

Il Duca d'Alençon in fuga. — Cartone di Bernardo Van Orley.

Fot. Sommer, Napoli.

Ai tempi del famoso Harun el-Rascid (786-809) la bell'arte fiorisce in Algeria e in Tunisia, tanto che, a volte, il velo della santa Kabaa viene intessuto nelle manifatture di Tunisi.

Dalle città Tunisi e Algeri, colla conquista dei Mori, la tappezzeria ad alto liccio non tarda a passare nella Spagna ed anche in Sicilia, battendovi in breccia l'arte ellenica e la latina.

E così, attraverso le regioni dell'Europa sud-orientale, sale verso il nord, conservando il carattere particolare delle contrade originali.

E noi vediamo le manifatture di Almeria acquistare presto grande rinomanza: e si dà il caso, verso l'XI secolo, che morendo in Egitto Adda, figlia del califfo fatimita Moez, lascia una grande quantità di tappezzerie seriche provenienti da manifatture sicule.

Delle prime manifatture arabo-ispane, noi possiamo riprodurre qui un prezioso arazzo di proprietà del professore Erulo Eroli di Roma.

È un tappeto, tessuto ad arazzo, il disegno del quale mostra evidentissima l'influenza del classicismo attraverso nuove forme.

Ricorda i disegni di mosaici anteriori al 1000, e la scritta *Ave Maria Gratscia plena* dice chiaramente, colla parola *gratscia*, che è opera delle prime manifatture arabo-ispane.

Il vaso nello scudo rappresenta l'emblema della purità.

I gigli, nel mezzo, sono intrecciati, alla maniera araba, con i rosoni classici, con la gemma, incastonata nel

centro, di disegno scorretto e primitivo, come si usava
nell'orificeria dell'epoca.

Il fregio intorno merita, poi, speciale attenzione per
la differenza del disegno che presenta. Pur continuando
un unico motivo ornamentale, ne differisce sensibil-
mente nella maniera, lasciando in questa intravedere
l'influenza delle forme egiziane; mentre nella rama i
fiori che si attaccano così semplicemente ai ramoscelli,
e questi al tronco, lascierebbero chiaramente intravedere
il carattere che si riscontrerà, poi, nell'arte fiamminga
primitiva.

Un altro prezioso ricordo conserva l'Eruli; ed è un
frammento di arazzo antichissimo, certo delle prime
epoche del cristianesimo, e forse anche di epoca anteriore, il quale serve, con i ricordi dei musei inglesi e
del Louvre e di altri citati, a provare l'antichità certa
e grande del tessere ad alto liccio.

Tornando ad accennare delle prime manifatture sorte
nell'Europa mediterranea prima dell'apparirvi dei *sar-
rasins*, o *sarrasinois*, come vennero detti in Francia i
primi arazzieri arabi, occorre ricordare le tappezzerie
delle manifatture di Roma, di Napoli e di Ravenna,
nonchè quelle di Costantinopoli, le quali, all'espandersi
del Cristianesimo, andavano fregiandosi di soggetti fi-
gurati tolti dall'Evangelo. Sappiamo, infatti, delle preziose tappezzerie di S. Sofia, delle prime Basiliche di
Roma, di Ravenna e di Napoli.

A Ravenna, verso il 565, si ammira un velo d'arazzo
adorno dell'immagine di Cristo e dei ritratti di cinque
arcivescovi, fra i quali Vittorio, donatore del prezioso
tessuto.

MUSEO NAZIONALE DI NAPOLI. — *Francesco I ferito vi*

en fatto prigioniero. — Cartone di Bernardo Van Orley.

Museo di Napoli.

Il Marchese del Vasto ed il Conestabile di Borbone attaccano il centro francese.
Cartone di Bernardo Van Orley.

Fot. Sommer, Napoli

E il Palazzo di Teodorico, re dei Goti, in tale città mostra ancora, in un musaico, come le tappezzerie fossero l'ornamento comune pur di abitazioni civili.

A Napoli S. Atanasio regala alla Chiesa di Stefania tredici arazzi con soggetti evangelici.

Dall'Italia l'alto liccio passa alla Gallia e alla Gran Brettagna.

E noi vediamo come S. Clotilde di Borgogna (a. 545) faccia sfoggio, pel battesimo del suo primo nato, di splendide tappezzerie, adornandone chiese e monumenti di cui arricchisce la Francia.

Dagoberto di preziosi tappeti regala, egli pure, la chiesa di S. Dionisio da lui innalzata. Ed Eybert, vescovo di York (sec. VIII) adorna anch'esso le sue chiese di tappezzerie dalle strane figure.

Nel X sec. Roberto III dona all'abazia di S. Fiorenzo di Seamour ogni sorta di ricchi tappeti e tappezzerie, mentre Adelaide, sposa di Ugo Capeto, dà in dono alla chiesa di S. Dionisio una tappezzeria che rappresenta l'*orbis terrarum*.

Il secolo XI vede sorgere le prime manifatture di tappezzerie in Poitiers, alle quali pure un vescovo italiano commette lavori.

Limoges possiede la prima tessitoria di arazzi nel secolo XII.

Ed anche in Inghilterra l'alto liccio sale in onore e vi produce, sotto il regno di Enrico I, belle opere quali *L'invenzione del Corpo di S. Albano*, il *Buon Samaritano* e il *Figliuol prodigo* dall'abate Geoffroy offerte all'Abbazia di S. Albano.

Al XII sec. anche la Germania dà incremento alla

bell'arte col *tapetiarius* bavarese Meginwart de Weltinburch (1164 e 1200); con *Fredericus tapifex, de familia ecclesiae* nel convento di Chiemsee (1177); con Aschwin *tapeciarius* al Convento di Weihenstephan, i quali tutti lavoravano per decorare di belle tappezzerie i santuari, ispirandosi a soggetti sacri.

Tornando all'Italia, noi troviamo l'arte nobile e bella rifiorire a Palermo, per opera dei tappezzieri fatti prigionieri da Ruggero nella spedizione vittoriosa contro Corinto, Tebe ed Atene.

Ma eccoci al secolo della rinascenza di tutte le arti nell'intera Europa, al secolo di Giotto, di Nicola e di Giovanni da Pisa, di Federico II e di S. Luigi.

La tappezzeria ha anch'essa nuova vita, nuovo splendore, come la scoltura, la pittura e l'architettura, ed entra da sovrana in chiese e palazzi, ed è, anche, d'ornamento nelle pubbliche feste, in tornei e corteggi.

A Roma risplende alle feste per l'incoronazione di S. Gregorio IX (1227) e così sotto Bonifacio VIII (1295), a Genova, per l'ingresso di Innocenzo IV, piazze e vie sono tutte adorne di belle tappezzerie ricche d'oro e di seta dai colori fulgentissimi.

Tanta è la ricchezza e lo splendore cui assurge l'arte del tessere in Europa che le belle tappezzerie sono mandate in dono a Principi di quell'Oriente stesso donde la bella arte era un tempo a noi venuta.

S. Luigi, nel 1248, manda in dono al Kan dei Tartari l'*Adorazione dei Magi* e delle *Scene della Passione*.

In Francia, in Germania e Inghilterra l'arte dell'alto liccio trionfa pure ovunque e produce le più belle opere, quali la *Storia di Paride ed Elena,* la *Storia di Troia,* la

La raccolta della manna. — Cartone di G. ROMANO.

Fot. Ferrario, Milano.

grande arazzo l' *Apocalisse d'Angers* della cattedrale di tale città, intessuto per ordine del conte d'Angiò.

La grande opera viene incominciata nel 1376 per essere condotta a fine, solo verso il 1490, da Anna di Francia figlia di Luigi XI.

Il cartone della bell'opera venne eseguito da Hennequin o Giovanni de Bruges che fu il primo pittore che abbia posto l'arte sua a servizio dell'arazzo; prima i cartoni, detti *pourtraitures et patrons*, venivano disegnati dagli arazzieri stessi.

Il soggetto dell'arazzo d'Angers — che misurava ben 24 metri di larghezza ed aveva figure alte 5 metri — venne tratto da una miniatura d'un manoscritto della biblioteca di Carlo V.

* * *

I limiti nei quali questo Manuale dev'essere contenuto non ci permettono di seguire man mano arazzieri e pittori delle varie epoche e delle differenti manifatture.

Per trent'anni e più, in ispecie sotto Filippo « le Hardi » l'arte produce grandi e belle opere, tanto che il sultano di Costantinopoli stesso, all'inviato per trattare la liberazione del figlio di Filippo (caduto prigioniero alla battaglia di Nicopolis 1396) mostra vivo desiderio *à veir draps de hautes lices ouvrés à Arras, en Piquardie, mais qn'ils fussent de bonnes histoires anchiennes.*

Filippo mandò in dono *des draps de haute lice* rappresentanti la « Storia d'Alessandro » *pris et faits à Arras les mieulx ouvrés que on peut trouver de ça les monts.*

Arras conserva, così, il primato lunghi anni mentre,

però, la bell'arte fiorisce pure nelle vicine contrade fiamminghe e vallone.

Le Sacre Scritture, la storia e il mito formano soggetto principale delle più belle opere.

In Germania l'arazzo è tenuto in onore dai Saxe Weimar, dagli Hohenzollern, ma è confinato in conventi e castella e non produce che poche opere, raffiguranti fatti d'armi e piccole composizioni di facile e semplice disegno.

In Italia l'alto liccio è quasi del tutto abbandonato; e i principi Amedeo di Savoia (1376) e Francesco di Mantova passano le loro ordinazioni alle manifatture d'Arras e di Parigi, mentre un cronista del tempo, Giovanni De Mussis, rimprovera ai Piacentini il loro amore per le *banderiae de Arassa*.

Il secolo XV è l'età d'oro delle tappezzerie.

Tutta Europa va pazza pei bei tessuti istoriati e risplendenti di bei colori.

Inghilterra, Spagna e Italia vanno a gara coi re di Francia e i duchi di Borgogna nel commettere opere ai grandi arazzieri francesi e fiamminghi.

A Roma, in processioni e cortei, intere vie sono adorne di belle tappezzerie; a Venezia d'arazzi è tutto adorno il Bucintoro; e Mantova li espone nei teatri; così che Arras dal 1423 al 1467 può dar lavoro a più di cinquanta maestri arazzieri.

E se da principio sono sempre Arras, Parigi e Brusselle che ci mandano le loro ricche manifattute, risorgono, alfine, delle officine anche da noi; mentre Arras vede emigrare i suoi arazzieri, allorchè Luigi XI si impossessa della città e ne caccia gli abitanti. A seguito di tale fatto hanno grande vita e splendore le *Leywerckers Ambacht* (mestiere di tappezzieri) di Brusselle, le quali vengono organizzate con veri e propri regolari statuti·

Le vittorie di Luigi XIV in Olanda. — Gobelin del secolo XVI-VII.

E fioriscono pure le manifatture di Lille, Valenciennes, Donai e Tournai. In quest'ultima città Filippo il Buono fa tessere una grande *Storia d'Annibale*.

Alla storia di tal epoca vanno uniti i nomi di Andrea Mantegna e del gran Leonardo e la magnificenza dei Medici, che commettevano le più grandi e belle opere.

Tale, in brevissimi appunti, la storia delle prime manifatture di Francia e di altre contrade.

In Italia la bell'arte risorse a nuova vita dal 1420 al 1500 per merito di emigrati francesi e fiamminghi, traendo nuovo splendore di forme e di colore dalle opere dei nostri grandi pittori Mantegna, Raffaello, Giulio Romano, Vinci, Primaticcio ed altri sommi.

Anche le donne, da noi, preser amore per l'alto liccio e diederonsi ad intessere belle stoffe *à la façon d'Arras*, come un tempo le donne di Grecia e di Roma avevano intessuto i *peristromata* e i *triclinaria*.

Il più antico opificio d'arazzeria si ebbe in Mantova, fondatovi nel 1419 da Giovanni Tommaso di Francia, entrato al servizio dei Gonzaga, presso i quali rimase fino al 1442.

Quel primo arazziere fu seguito, poi, da altri suoi concittadini, Nicola, Guidone, Ardamante, tutti di Francia.

I primi cartoni furono disegnati da Giovanni dei Corradi da Cremona.

Verso la metà del secolo XV gli opifici mantovani, posti sotto la direzione di Rinaldo Boteram da Brusselle, godevano di bella fama e prosperità mercè il patronato della marchesa Barbara di Brandeburgo, moglie di Luigi III Gonzaga.

Le opere che uscivano in quel tempo dalle mani d'arazzieri e arazziere venivano concepite e disegnate da Andrea Mantegna.

Verso la fine del secolo le arazzerie mantovane principiano a declinare, mentre la bell'arte sorge a Venezia

GLI ARAZZI DI BOLOGNA. — *Storia di Giacobbe: La*

divisione dei greggi. — Cartone di LUCA DI LEYDA.

per opera di Giovanni di Bruges e Valentino d'Arras (1421) e a Ferrara con altri arazzieri francesi e fiamminghi.

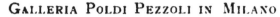

GALLERIA POLDI PEZZOLI IN MILANO

La Regina Saba dinanzi a Salomone. Arazzo fiammingo del XV secolo.

A Venezia, però, l'arazzo non ebbe mai grande prosperità, benchè vi durasse pe' secoli, giacchè vediamo ancora nel 1761 come per un decreto della Repubblica in data 2 maggio si assegnavano a tal Antonio Dini, arazziere romano, che incontreremo, poi, direttore d'una manifattura torinese, 500 ducati *una volta tanto* e 25 men-

3

sili per amplificazione di una *manifattura così rara e pregevole*, quella dell'arazzo.

Nella città « Regina » il Dini condusse a fine uno stendardo per la Chiesa di Santa Maria Mater Domini, i dodici schenali o sentari che coprono i seggioloni del Brustolon, nell'accademia di Belle Arti ed il tappeto della Chiesa della Fava.

Venezia, al par di Anversa e Genova, fu emporio di commercio, più che centro di produzione.

Ferrara emulò e forse vinse Mantova.

A chiamare a Ferrara i maestri fiamminghi, perchè fabbricassero *i panni de razzo*, fu il marchese Nicolò III d'Este; ma già prima d'allora l'arazzo era nella città estense in grande onore, poichè in un memoriale del 1436 leggesi che *Jacomo de Flandria de Angelo vene ad stare cum lo Illmo S.* (il Duca) *A. di VIII de Aprile ad repezare Bancali et paramenti de corte.*

Quel primo arazziere Giacomo De Angelo ebbe dalla corte un assegno di ferraresi lire tre (?) mensili.

Altri arazzieri furon fatti venire, in seguito, Pietro di Andrea, Livino di Giglio di Bruges (questi già stato a Firenze per qualche tempo ai servizi di quel governo) Rinaldo di Gualtieri Boteram e un tale Bernardino; e nell'anno 1441 venne redatto un inventario dei mobili ducali, dal quale risulta che la Casa Estense possedeva *paramenti di razzo* e seta vari; e ciò prova che la bell'arte in Ferrara era in auge già da parecchio tempo.

Sotto il marchese Borso d'Este (1450-471) l'arazzo ha nuovo e particolare incremento, poichè viene istituito un vero *Ufficio ducale d'arazzeria* con addetto un proprio ufficiale.

Crocefissione. — Cartone di Luca Van Schoor.

Fot. Alinari.

Nel 1464 il Comune stesso pensava a popolarizzare il nuovo paramento, facendolo diventare oggetto, non più riservato alla corte, ma pur di pubblico commercio.

E i migliori pittori del tempo, Mantegna, Cosimo Tura, Gherardo da Vicenza, Ugolino provvedono agli arazzieri della Corte ferrarese i più vari e mirabili cartoni, fra i quali una *Storia d'Ascab, Salomone e la sua corte, Una festa antica* ecc.

Difatti, negli atti del Comune di tal anno, leggesi una deliberazione del *Consiglio dei Saggi,* in data del 2 dicembre, intitolata *Pro arte tapezaria introducende* da insegnarsi *ad qualunque persona la vogliono imparare ditto laudevole et bello magisterio.*

In poco volgere d'anni si produssero in Ferrara tanti arazzi, che quando papa Paolo III vi andò *tutte le strade vedevansi coperte di drappi d'arazzi* — come leggesi in uno scritto del tempo — *tutta la corte dalla grande scala sino al Castello era guarnita di tappezzerie di oro, seta e lana e le camere nove del Duca Ercole, ed i camerini del fu Duca Alfonso erano guarniti di finissimi e meravigliosi panni d'Arazzo.*

Il successore di Borso d'Este, Ercole I (1471-1505) è anch'egli un grande patrono del « bello magisterio » ma le guerre che, verso la fine del secolo XV e al principio del XVI infestano l'Italia, portano all'arte un fiero colpo ; tanto che nel 1490, alla Corte d'Este, sotto il regno di Alfonso II, non v'era che un sol arazziere, il quale sarebbe emigrato se la città, per trattenerlo, non gli avesse stabilito un assegno fisso.

Fra gli ultimi grandi arazzieri che vantò Ferrara vanno ricordati Nicola e Giovanni Karcher che prestarono la loro opera sotto il duca Ercole II, passando, poi, alla corte de' Medici.

Coi Karcher lavorò il pittore Battista Dosso al quale devonsi i cartoni della *Metamorfosi*, ed anche due pittori fiamminghi, Luca Cornelio, Guglielmo Boides de Malines, ai quali devonsi parecchie buone composizioni.

Le manifatture di Ferrara lavorarono pur assai, oltre che per la Casa ducale, per città varie. Fra i lavori eseguiti per di fuori va annoverato una *Storia della Vergine* eseguito per la Cattedrale di Como su cartoni del milanese Giuseppe Arcimbaldo.

Da Ferrara l'arazzo passa alle città vicine; e negli anni 1458 e 1528 Modena vanta anch'essa abili arazzieri fiamminghi, Antonio Brabante di Bruges e Giovanni de Gesalis.

Rinaldo di Gualtieri Boteram, già ricordato, nel 1438 offre l'opera sua alla Repubblica Sienese proponendo d'istruire nella bell'arte due o più allievi.

L'offerta è accettata, questa prima volta, e così due anni di poi, avendo Rinaldo domandato il rinnovamento del contratto per poter condurre a fine alcuni belli arazzi i quali, mercè una particolar marca, avrebbero ricordato come Siena possedeva un *sì bello et honorato mistero*.

Le condizioni poste dal magistrato sienese per la riconferma del contratto per altri sei anni, con un'indennità annua di venti fiorini d'oro, erano che il Boteram avrebbe occupati sempre almeno due cittadini e spiegati gratuitamente i suoi segreti a tutti gli allievi che gli si fossero presentati.

Nel 1442 Siena accetta anche l'opera di un altro arazziere, Giacchetto di Benedetto d'Arras che è qua-

MUSEO CIVICO DI PADOVA.

Passaggio delle Milizie. — Cartone di GIOV. VERMEYEN.

Fot. Alinari.

lificato *egregius vir et famosus magister*, assegnandogli una maggior indennità che a Rinaldo, e cioè quarantacinque fiorini annui, affinchè fondasse due grandi manifatture, nelle quali doveva insegnare gratuitamente l'arte del tessuto e del tingere.

Giacchetto d'Arras rimase in Siena fino al 1456, arricchendo la città d'ogni più bell'arazzo e lavorando anche pel di fuori e per papa Nicolò V, pel quale intesseva una *Storia di San Pietro*.

Alla sua partenza le fiorenti manifatture sienesi decadono, fino a non produrre in breve più opera alcuna.

Passando ad altre città italiane, accenneremo come in Firenze, verso il 1450, Neri de' Bicci e Vittorio Ghiberti disegnano cartoni per Livino di Bruges, il quale, però, nel 1457 lascia le rive dell'Arno per Ferrara come abbiamo veduto.

Fra il 1476 e il 1480 v'è nella « Città dei fiori » tale arazziere Giovanni d'Allemagna e più tardi, il 20 ottobre 1546, Giovanni Rost o Rostel e Nicola Karcher, fiamminghi, stringono con Cosimo I un vero contratto di opera, pattuendo, per un triennio, l'annuo compenso di 600 scudi d'oro per ciascuno e un particolar compenso per ogni opera che avessero eseguito per la corte ducale.

Il contratto fu rinnovato di poi, fino al 1552.

Provvedono i cartoni all'arazzeria Medicea il Bronzino, Francesco Salviati, Francesco d'Albertino, detto il Bachiacca, i quali eseguiscono opere di meravigliosa bellezza.

All'Arazzeria Medicea lavorò pure (1523-1605) un pittore fiammingo Giovanni Van der Straten, detto Stradan il quale produce un'infinità di lavori che, però, non reggono affatto il confronto con quelli dei pittori italiani.

La bell'arte fiorisce, e corte e popolo l'hanno, per lunghi anni, in grande onore, tanto che tutta una via è popolata di tappezzieri e da essi prende nome di *Via dei Tappezzieri*.

Nel 1630 l'Arazzeria Medicea è diretta da tal Pietro Le Fèvre, parigino, che aveva stabilito la sua dimora a Firenze dal 1620, per morirvi nel 1669.

Col Le Fèvre v'era un altro arazziere di oltr'Alpe, il fiammingo Bernardino Van Hasselt.

Sotto il Le Fèvre verso la fine del secolo XVII, la manifattura fiorentina lascia l'alto liccio pel basso liccio, che rimane in uso fin nei primi del secolo XVIII.

Ma, verso il 1737, sotto la reggenza di Francesco di Lorena, anche a Firenze l'arazzo viene abbandonato, chè un decreto del 5 ottobre ordina la chiusura della fabbrica dei tappeti. « Ci hanno tolta l'antica fabbrica dei tappeti » — lamenta un cittadino Conti, in un suo *Diario*, facendo rilevare come s'erano posti sul lastrico dei bravi artisti, che avevano con l'opera loro sorpassato ogni altro paese, e s'era così dato esempio di vera barbarie, mandando in rovina le più belle manifatture.

L'ultimo lavoro uscito dall'Officina Medicea fu l'arazzo *Quattro parti del mondo* da cartoni di Giovanni Sacrestani.

Da Firenze, i disoccupati arazzieri, dopo tre anni dalla chiusura della Scuola Medicea, erano passati a Napoli sotto il regno di Don Carlo a continuarvi, di padre in figlio, per molti anni, la loro arte.

MUSEO DI KENSINGTON, LONDRA.

Uno Stemma. — Arazzo del secolo XIV (?).

A Napoli, nel palazzo di Francesco d'Avallos, principe di Pescara e marchese del Vasto, i maestri fiorentini trovarono degli antichi e superbi capolavori fiamminghi, eseguiti su cartoni di Van Orley.

Tali arazzi, che ora sono al Museo Nazionale di Napoli, e rappresentano *La battaglia di Pavia,* vennero sempre attribuiti al Tiziano e al Tintoretto, mentre autore dei cartoni fu indubbiamente Bernardo Van Orley, pittore belga del secolo XVI.

Ripeterono la falsa attribuzione, oltrechè scrittori del passato, quali l'Ab. D. Romanelli, C. e L. Catalano, G. B. Chiarini, in varie loro opere, anche Pietro Gentili, arazziere pontificio, già direttore della Manifattura di San Michele, e noti e colti scrittori di questi ultimi tempi, come il poeta Salvatore Di Giacomo di Napoli e Luca Beltrami.

E ciò sorprende perchè solo al vederle non è possibile riscontrare nelle magnifiche opere l'arte di Tiziano o del Tintoretto.

Si ritenne, inoltre, che i bei arazzi pervenissero alla nobile famiglia napoletana per dono di Carlo V a Francesco d'Avalos, quale attestato di riconoscenza per aver questi combattuto valorosamente sotto Pavia, nel 1525, e avervi fatto prigioniero Francesco I, re di Francia.

Or l'impossibilità del dono appare irrefutabile ove si ricordi l'epoca della morte del d'Avalos, avvenuta alla fine del 1525.

Gli arazzi avrebbero dovuto essere stati ideati, disegnati e intessuti in meno di un anno!

Invece essi non vennero eseguiti per ordinazione di Carlo V, nè da lui vennero al d'Avalos donati.

.Tornato il Monarca a Brusselle, nel 1531, ricevette quegli splendidi tessuti in dono dagli Stati Generali i quali vollero così ricordare le sue grandi vittorie.

Al proposito Alfonso Wauters, nella sua opera *Les Tapisseries Bruxelloises* narra, e Mario Morelli, in una sua memoria letta all'*Accademia di Archeologia lettere e belle Arti* di Napoli, traduce:

« Allorchè, nel 26 febbraio 1556, l'ammiraglio Coligny si recò nella città di Bruxelles per ratificare in nome del re Enrico II la tregua di Vancelles, fu ricevuto in una grande sala del palazzo imperiale, attigua alla cappella, e nella quale erano conservati appunto gli arazzi illustranti la battaglia di Pavia.

« L'ambasciatore francese ed il suo seguito rimasero offesi per una così patente mancanza di tatto, ma pur seppero contenersi. Se non che Brusquet, il buffone del re Enrico II, che trovavasi in loro compagnia, pensò di vendicarsi di tanta indelicatezza usata da chi li aveva ospitati, ponendo in ridicolo l'avarizia degli Spagnuoli e dei Tedeschi con un atto di liberalità francese, compiuto proprio nel palazzo del loro Sovrano.

« In effetti il mattino seguente, essendo tutti riuniti nella cappella del palazzo imperiale, appena dopo la celebrazione della messa, mentre il re Filippo II, succeduto a Carlo V, si avanzò verso l'altare e giurò sul Vangelo di osservare la tregua, il buffone Brusquet, che aveva provveduto sè ed un suo valletto di vari sacchetti di scudi d'oro, coniati a Parigi, gridando ad altissima voce: *largesse! largesse!* seguito dallo stesso valletto, traversò più volte la cappella, gettando a piene mani le fiammanti monete per terra.

MUSEO DEL LOUVRE A PARIGI.

La Risurrezione. — Arazzo del secolo XIV (?).

GLI ARAZZI DI BOLOGNA. — *Storia di Giacobbe*

Fuga di Giacobbe. — Cartone di Luca di Leyda

« Gli astanti, che erano oltre duemila, credendo quella improvvisata un atto di liberalità del loro principe, si slanciarono con indescrivibile ardore a raccogliere l'oro. E la confusione provocata dall'avidità e dall'ingordigia fu tale e tanta che gli uomini rimasero pesti e le donne scarmigliate; ed il Re, a quella vista, non riuscì a trattenere insieme alla Regina, le più sonore risa, fino a doversi sorreggere all'altare, per lo interno nervoso sussulto ».

A stabilire, poi, come i preziosi arazzi siano pervenuti alla nobile casa dei d'Avalos si ha, in detta opera del Wauters, questa nota, pur riportata dal Morelli: « che lo infante D. Carlos, figliuolo primogenito di Filippo II, il 19 maggio 1564 legò delle tappezzerie rappresentanti (si noti bene!) *la cattura del Re Francesco I*, al suo amatissimo precettore Don Onorato Juan, vescovo di Osma, in premio della pena che questi si sarebbe data, dopo la morte di lui, per eseguire le sue volontà testamentarie.

« Ed aggiunge, il Wauters: è vero che lo infante morì prima del precettore; ma può ben ritenersi che a Filippo II sia mancato il coraggio di reclamare quegli oggetti che a lui avrebbero sempre ricordato il figliuolo suo, colpevole insieme e sventurato, e che così essi, passando da uno ad un altro possessore, sieno infine pervenuti nella casa d'Avalos ». E al Morelli « ciò pare più che attendibile » di guisa che commenta:

« Ed in vero se gli arazzi fatti eseguire dai mercanti fiamminghi e da essi donati allo Imperatore Carlo V, come sopra si è detto, sono i medesimi conservati lungamente nel palazzo imperiale di Brusselle e legati poi

4

dallo infante D. Carlos al vescovo di Osma — cosa
che pare non possa revocarsi in dubbio, perchè di una
seconda riproduzione di essi, quando fosse stata eseguita, trattandosi di un'opera d'arte della maggiore importanza, non potrebbe non esser rimasto alcun ricordo
o memoria nè a Madrid, nè a Brusselle, nè altrove —
è da ritenere che quel vescovo, ovvero qualche suo di-
scendente, dovette venderli, cederli o donarli ai signori
di Vasto e Pescara, come a coloro che vi potevano
più di ogni altro annettere un prezioso interesse per
ricordi di famiglia ».

A provare, ora, che chi compose le grandi opere fu
il Van Orley, se ne hanno, senz'altro, i cartoni originali
al Museo del Louvre.

Bernardo Van Orley nacque a Brusselle, di nobile
famiglia del Lussemburgo, verso il 1501.

E fu sommo artista, come, del resto, gli arazzi della
battaglia di Pavia ben lo provano.

A lui si devono altre grandi opere, di battaglie, di
paesaggi, ritratti di principi e sovrani; molte delle sue
opere come *Le Belle cacce di Massimiliano*, ora pure al
Louvre, e che un tempo furono anch'esse attribuite ad
altro autore, ad Alberto Dürer, furono intessute ad
arazzo. Dei ritratti ricordansi quelli di Carlo V, che
venne raffigurato una prima volta quand'era principe
ereditario e poi dopo aver cinto la corona; di Ferdinando I di Alemagna, di Isabella regina di Danimarca e
di Maria regina di Ungheria, le quali egli ritrasse quando
erano ancor principesse.

Viaggiò e fu due volte in Italia — a Firenze, a Roma

Storia di Re David e di Bersabea. — Cartone d'ignoto tedesco (Secolo XV).

Fot. Alinari.

ed in altre città — la prima volta nel 1514, attrattovi dalla gloria dei Michelangelo, Leonardo e Raffaello.

* * *

Ci siamo dilungati alquanto a proposito dei meravigliosi arazzi di Napoli e del loro autore per cooperare a ristabilire una verità.

Or diremo brevemente delle manifatture napoletane.

Quelle impiantate dagli arazzieri emigrati da Firenze non furono, però, le prime, chè, lasciando a parte quelle di tempi remoti, pur nel secolo XV Napoli ebbe degli ottimi tessitori.

Dalle « Cedole della Reale Tesoreria Aragonese dell'anno 1455 » risulta, infatti, che il re Alfonso I di Aragona, nel giorno 31 del mese di agosto del predetto anno ordinò pagarsi al suo arazziere (*bradador*) Giovanni Yvanyes ducati 127 pel prezzo *de una fresadura de capa processional ab son scapuchino es de amylaria de hun palm e de larch entorn XIII palms e te dos sanastres o faxes de fil dor una a cascuna part e en lo mig dela qual fresadura son figurades algunes figures de apostoles de sants e santes cascuns per son grau brodats de fil dor de diverses sedes la qual fresadura de manement del senyor Rey dell es stada comprada en la Ciutat de napols e en lo mes dabril propassat per forniment e ornament de alguns vestiments dela capella del dit senyor. Es stada assignata la dita fresadura en poder de mosser Pere de mondrago setstamber por tenir aquelle en la guarda roba del dit senyor.*

Riguardo agli arazzieri fiorentini stabilitisi a Napoli si ha, poi, che allorquando il re Carlo III di Borbone volle impiantare nella sua città una manifattura, venne incaricato della faccenda Fra Salvatore Ascanio dell'ordine de' Predicatori, Maestro Provinciale di Andalusia e Maestro perpetuo della Provincia di Dacia, incaricato del re di Napoli presso la Corte di Firenze. Costui, nel giorno 6 del mese di novembre dell'anno 1737, dati i passaporti a Domenico del Rosso ed a Francesco Pieri, ufficiali dell'arazzeria del Gran duca, li spedì a Napoli.

Giunti a Napoli, i due predetti arazzieri, nel giorno 27 dello stesso mese di novembre, il Marchese di Salas, Gioacchino di Montealegre, Ministro della Real Casa, per ordine del re, incaricò D. Giovanni Brancaccio in qualità di Sopraintendente della Real Fabbrica, di costituirla con la minore spesa possibile e completamente; di proporre il sito ove stabilirla, e che unitamente a que'due arazzieri, mentre si sarebbe atteso l'arrivo da Firenze degli altri professori loro compagni, si occupassero per lo acquisto di tutti gli utensili necessari. Ed il Brancaccio, con suo rapporto del primo di decembre propose darsi, frattanto, ducati 20 al mese ad ognuno de'due predetti arazzieri, nominando il del Rosso a direttore ed il Pieri a provveditore.

Impiantata, nel 1738, la Fabbrica nell'edifizio di San Carlo alle Mortelle, tosto furono fatti venire da Firenze gli altri arazzieri della disciolta manifattura granducale, i quali nel mese di febbraio giunsero in Napoli, e furono Bernardino Cavaliere, Antonio Valente, Niccola Manzini, tutti fiorentini, Giuseppe de Filippis di Ancona, Marco Gosler, Antonio Luigi Mingoni, detto pure Minchioni, Sebastiano Pieroni, Carlo Mugnai, Orlando Filippini ed altri. Fu stabilito di ammettere nella

sogni del coppiere e del panattiere di Faraone. — Cartone del BRONZINO.

Fabbrica alcuni giovani per apprendere l'arte e così formare gli allievi i quali passerebbero a soldo a mano che sarebbero rimaste vuote le piazze, sia per causa di morte, sia per causa qualunque altra. I primi ammessi

R. GALLERIA DEGLI ARAZZI IN FIRENZE.

Storia di Abigaille. — Cartone d'ignoto. (Secolo XVI).

furono Gaetano Leurie, Francesco Cipriani, Michele Langella, Beniamino Zamparelli, Giovanni Conti, Gennaro Zamparelli, Francesco Piro, Francesco d'Agostino ed i due moretti del re per nome Giuseppe ed Antonio.

Nel 1757, volendo il re riformare l'arazzeria, chiamò da Roma Pietro Duranti che assunse l'ufficio suo il 3 aprile pel pattuito compenso *di sei ducati a palmo quadrato superficiale d'arazzo e ducati tre per ogni palmo quadrato di cimosa* e più un assegno fisso di 18 ducati al mese e 144 ducati annui per indennità di alloggio ed una gratificazione annua di 40 ducati. Ebbe, inoltre, per fornirsi degli utensili necessari al mestiere, un anticipo di 1200 ducati da scontare con del lavoro.

A Napoli andarono pure arazzieri da Torino ed altri da Roma.

La real manifattura napoletana sotto il Duranti produsse molte e belle opere.

Ebbe il Duranti a collaboratori i figli Alessandro e Giovanni, il qual ultimo successe al padre nella direzione della real manifattura e tenne questo ufficio fino all'anno 1799, in cui i reali palazzi soffersero il saccheggio della plebe insorta e poi delle milizie francesi, e così le officine andarono distrutte per non più risorgere.

Gli arazzi, intessuti a centinaia, andarono dispersi ; ma, poi, furono in parte rintracciati, per ordine del re, dal cav. Domenico Venuti, intendente della R. Fabbrica di porcellane, per essere conservati nel palazzo reale di Francavilla.

Abbiamo creduto dilungarci in particolari cenni sulle manifatture di Napoli perchè la storia d'esse è poco nota.

Tornando ora a compendiare la storia dell'arte nelle varie città italiane, troviamo, negli anni 1463-466, a Perugia i maestri arazzieri Giacomo Birgières e suo figlio Nicola di Lille, con le loro mogli Giovanna e Michelina.

Fanciulli giardinieri. — Cartone d'ignoto francese.

Fot. Alinari.

A Correggio, nel 1466, v'è Flaminio Rinaldo Duro con altri maestri fiamminghi e italiani e vi rimane fino ai primi anni del secolo XVI.

A tali maestri attribuisconsi gli arazzi che ancor oggi si espongono a Palazzo di Città rappresentanti scene campestri e caccie.

Alla Corte d'Urbino, dopo la prima metà del sec. XV, troviamo cinque arazzieri, Francesco da Ferrara, Flaminio Nichetto con un compagno, Ruggero e Lorenzo i quali intessono una *Storia di Troia* che costa 10,000 ducati, quasi un mezzo milione.

La bell'opera fino al secolo XVII era uno dei più preziosi ornamenti della città di Urbino.

Anche in piccole città troviamo maestri arazzieri. A Todi, ad esempio, v'è, nel 1468, una *maestra di panni de razza* di nome Giovanna Francesca di Francia.

Risalendo alle città dell'alta Italia, ricorderemo ora come a Milano l'arte nobile e bella venne coltivata con amore nei secoli XV e XVI.

Si ha, infatti, dall'Archivio di Stato milanese, che il 1° marzo 1456 Francesco Sforza aumenta la mercede a *Zohanne de Borgogna nostro tapezero adciò possa meglio sostentarse.*

Si ha, inoltre, che i *magnifici domini deputati della admiranda fabbrica del Duomo* disponevano che tutto il grande tempio fosse adorno di ricchi tessuti di arazzo e nel 1533 affidavano ad Antonio Mario de Bazolo o Bozollo di *fare le tapazarie qual saranno necessario ad far a beneficio et ornamento de la ecclesia mazore.*

Altri arazzieri in Milano furono Giovanni Felice e Nicola di Picardia, Levinus Hersella di Fiandra, i quali crearono delle vere scuole della bell'arte, avendo a cooperatori degli arazzieri milanesi, tanto che qualcuno di questi emigra e lo si trova alla corte d'Urbino.

Una delle manifatture milanesi si trovava a Porta Vercellina, parrocchia di San Martino a *Corpo di Fora*.

Tal chiesa di S. Martino, che non esiste più da tempo, trovavasi in piazza di S. Vittore al Corpo, a sinistra della chiesa intitolata a questo santo.

I disegni per quelle *tapazerie* venivano eseguiti da Pietro de Rizolis, Nicolao de Aplano (Appiano) da Michele da Molino, Antonio da Sanino, genovese, Giulio Campo e da Gaudenzio Ferrari, il qual'ultimo celebre artista, pei suoi disegni, non usava già cartoni, ma tele, che la Fabbrica del Duomo stesso gli forniva.

Il grande pittore esegui molte composizioni per gli arazzieri; però di un solo disegno, dei tanti da lui fatti, trovasi il titolo e l'arazzo; è quello dei Magi che si conserva nel tesoro del Duomo. Per tal opera *Magistro Gaudentio De Ferrariis* ebbe lire 102, soldi 3 e denari 19.

Fu in questo turno di tempo che il cardinale Borromeo faceva dono alla fabbrica dei suoi arazzi, lo splendore dei quali era tale che i *magnifici domini*, per non far sfigurare quelli ordinati da essi, commettevano a tal Antonio Longone, arazziere, di farli *aggiustare, pulire e rinfrescare i colori, pagando otto lire per ogni pezza*.

Gli arazzi del Borromeo, in numero di sette, disegnati da Giulio Romano, sotto le guida di Raffaello, pare siano stati eseguiti in Fiandra.

V'è, però, chi ritiene che provenissero dalle manifatture di Mantova. Essi rappresentavano fatti dell'antico testamento quali la *Raccolta della manna nel deserto*,

Mosè opera il prodigio dei serpenti, la *Cena dell'Agnello*, *Mosè sul Sinai*, il *Passaggio del Mar Rosso* e il *Serpente di bronzo* ed erano intessuti di lana e seta commiste a filo d'oro e d'argento.

El juego de la vaquilla. — Arazzo di BAYEU all'ESCURIAL.

Erano opere mirabili le quali, conservate fino a noi, andarono, in parte (le tre prime citate, qui riprodotte) fatalmente distrutte nell'incendio del 3 agosto 1906, mentre trovavansi all'Esposizione internazionale di Milano.

Nel 1627 e 1640, i preziosi arazzi erano stati restaurati da Francesco Pioldello e figlio *che per loro mercede di tal nettadura et acconciatura, sendo fatta a dovere* ebbero 600 lire imperiali.

I Pioltello, oltre gli arazzi del Borromeo, ne restauravano altri non pochi, come desumesi da particolari note del tempo, esistenti agli archivi del Duomo.

Il cardinale Borromeo aveva avuto gli arazzi in dono dal Duca di Mantova e ne aveva, poi, fatto omaggio al Duomo perchè, animo di riformatore, amava i muri nudi e imbiancati.

Del dono era, però, stato richiesto dai deputati della Fabbrica, i quali, avendo saputo come il Cardinale voleva disfarsi delle preziose opere, gli offrivano, in ricambio, di costruire nel palazzo arcivescovile alcune abitazioni pei reverendi canonici, erogando, inoltre, 1500 scudi d'oro come al Cardinale fosse piaciuto.

Il Borromeo accondiscese volentieri al dono per decorare il tempio *ob devotionem quem habet dicte gloriosissime Virginis Mariae.*

A proposito degli arazzi del duomo ricorderemo, ancora, come vi fu un tempo in cui i deputati della fabbrica avrebbero voluto liberarsi delle preziose opere, causa l'ingente spesa che la loro conservazione rappresentava.

Infatti, il 4 febbraio 1726, venne pubblicato un bando di vendita, il quale, però, andò deserto.

Ma l'Arcivescovo di allora si oppose che l'incanto fosse rinnovato, quindi, nel 1730, venne invocata l'autorizzazione pontificia *pro vendictione dictorum septem peristromatum* i quali, intanto, vennero di nuovo restaurati per opera di Melchiorre Brioschi e con la spesa di 6000 lire imperiali.

GLI ARAZZI DI BOLOGNA. — *Storia di Giacobbe: Lal*

raggiunge i fuggitivi. — Cartone di Luca di Leyda.

Nel 1761 gli arazzi vennero offerti a Maria Teresa d'Austria, che rispose di non essere in grado di comperarli.

Allora i Deputati pensarono pur anche di farne una riffa o lotteria!

A tal fine, per divulgare la notizia a mezzo di stampe, fecero eseguire delle riproduzioni in rame da Gaetano Le Poer con la spesa di lire 1645.

Nel 1777 l'offerta di vendita venne fatta a Genova, richiedendo 2000 zecchini; ma Genova pure la declinò; sicchè le belle opere rimasero al Duomo, per essere, poi, in parte, fatalmente distrutte dal fuoco!

Da Milano, verso il XV secolo, l'arte dell'arazzo passa a Vigevano, dove, sotto la direzione di Benedetto da Milano, e su cartoni di Bartolomeo Suardi, detto il Bramantino, vennero intessuti gli arazzi famosi *dei Mesi* per la casa Trivulzio, la quale li conserva ancor oggi.

Bologna ha un'arazzeria nel 1460.

Chiuderemo, ora, i cenni sull'arte dell'arazzo in Italia riassumendo, in brevi note, le vicende delle manifatture di Roma, avendole così lasciate ultime perchè delle città italiane la capitale è la sola che conservi ancora delle arazzerie.

Il pontefice Nicolò V, verso il 1455, fonda in Roma una manifattura e chiama a dirigerla il parigino Rinaldo di Manicourt che intese, fra l'altro, una meravigliosa *Storia della Creazione*. Ma il successore Calisto III, rinvia maestro Rinaldo e chiude l'arazzeria, la quale non sarà riaperta che assai più tardi, in S. Michele ai Corridori di Borgo, da Clemente XI.

Prima, però, di quest'epoca si ebbe in Roma un'altra

5

manifattura di arazzi, fondata dal cardinale Francesco Barberini, fra il 1630 e 1635.

Quest'officina del nipote di papa Urbano VIII, posta sotto la direzione di tal Giacomo della Riviera, produce poche opere, ma assai belle, su cartoni disegnati dagli scolari di Pietro da Cortona e da Giovanni Francesco Romanelli.

Arazzieri della manifattura del Barberini erano tali Antonio, francese, e Michele, fiammingo.

Delle opere in essa eseguite vanno ricordati l'arazzo *Misteri della vita e della morte di Cristo* del Romanelli, che si conserva ancora a Palazzo Barberini, e *Fanciullo che giuoca,* da cartone che era stato disegnato per Leone X.

Alla morte di Urbano VIII (1644) l'arazzeria cardinalizia decade, per non riaversi che verso il 1660, in cui produce la *Storia di Urbano* la quale oggidì ancora si ammira nel palazzo della famiglia in Roma.

I Barberini lavorano pure per Casa d'Este e per altre ordinazioni di fuori.

La Manifattura Pontificia di S. Michele venne riaperta nel 1710 con l'arazziere Giovanni Simonet, parigino e col pittore Andrea Procaccini.

Vorrebbesi, pure, che, abbia, a S. Michele, lavorato anche l'arazziere Victor Demignot, essendosi trovato un bell'arazzo rappresentante la *Vergine col Bambino,* firmato precisamente V. Demignot F. R. (Fecit Roma) 1715.

Il Demignot, ricorderemo, interrompendo per un istante i cenni delle scuole romane, fu anche a Torino a lavorare per Carlo Emmanuele III (1738) che gli affidava una manifattura a basso liccio, mentre Antonio Dini,

Storia d'Ester: L'arresto di Aman e sua condanna. — Cartone di G. F. DE TROY

che già abbiamo veduto a Venezia, ove passò in seguito, dirigeva un'arazzeria d'alto liccio, intessendo, colla collaborazione delle due sue avvenenti figliuole, arazzi su cartoni del cavaliere De Beaumont.

Nel 1754 l'alto liccio venne, a Torino, abbandonato per eseguire, a basso liccio, i cartoni di Laurent Pêcheux di Lione, nel 1766 successo al Beaumont.

A V. Demignot era successo il figlio Francesco che fu, poi, sostituito da Antonio Bruno, direttore della Manifattura Sabauda fino alla chiusura d'essa, avvenuta nel 1832.

Tornando alla Manifattura di S. Michele, noteremo come essa da principio ebbe poca vita, ma sale a grande rinomanza sotto Pietro Ferlani, che la dirige dal 1717 al 1770.

Avviene la Rivoluzione e la produzione dell'officina di Borgo scema ad un tratto, per non riprendere vita che sotto Gregorio XVI (1831-1846).

Ma per breve tempo, chè col 1870, pur rimanendo aperta, con grave nostro disdoro ben poco più produrrà.

All'entrata delle truppe francesi in Roma, molti arazzi, compresi i classici dell'Urbinate, corsero i più gravi rischi; tolti alle Gallerie Vaticane, furono venduti ad Ebrei e la Santa Sede non li riebbe che nel 1808.

Ultimi direttori dell'arazzeria di S. Michele furono i viventi Pietro Gentili e Giuseppe Prinotti, questi nell'ufficio suo ancora attualmente.

Da S. Michele uscirono molte e belle opere, specialmente sotto il pontificato del Papa fondatore, dei cinque Papi che gli succedettero e di Pio VI. Queste opere servirono a ornare cappelle papali, chiese diverse e palazzi di principi romani; inoltre, i Papi ne fecero magnifici doni a sovrani d'Europa ed a grandi personaggi. Ne regalò Clemente VII al viceré di Sicilia; Benedetto XIV a più ministri della Repubblica Veneta, all'Ambasciatore di Spagna ed al Grand'Ammiraglio di Francia; Clemente XIII, all'Ambasciatore d'Austria e al Ministro della Serenissima.

Papa Rezzonico molte, ancora, ne fece tessere per ornamento dei palazzi apostolici e per la Cappella Paolina al Quirinale.

Papa Pio VI ne fece eseguire parecchie per la Cappella Sistina e di alcune fece dono a Maria Cristina, arciduchessa d'Austria ed al suo sposo, il duca Alberto, luogotenente del regno d'Ungheria, al duca Ferdinando d'Austria e a Maria Amalia, arciduchessa d'Austria, sposa di Ferdinando, duca di Parma, e a Ferdinando IV, re delle Due Sicilie... e non si finirebbe più, se volessimo qui accennare a tutti gli arazzi che sono usciti dalla manifattura di S. Michele.

Tutti i Pontefici, adunque, da Clemente XI a Pio IX, furono dei grandi mecenati dell'antica e nobil arte, e sol la nostra *terza Roma italica* (perchè nascondercelo?) non le ha arrecato fortuna. L'esempio della Francia non ci è valso, e v'è da vergognarsene! Ma, mentre scriviamo queste pagine, pare che il Governo d'oggi voglia prendersi cura dell'antica scuola e provvedere al suo risorgimento. *Utinam!* Il nome di Giovanni Giolitti, Presidente dei Ministri, passerà alla storia come quello d'un mecenate della bell'arte.

* * *

Abbiamo seguito le vicende delle manifatture italiane di secolo in secolo fino al giorno d'oggi, tralasciando di accennare d'altri paesi, per riassumere così, in breve compendio, come in un sol quadro, tutta la storia della bell'arte presso di noi.

Ora, dovendo continuare i cenni delle manifatture straniere, rifacendoci all'epoca in cui ci siamo interrotti, per ricordare le vicende dell'arte in Italia, rileveremo come alla fine del secolo XIV ed ai primi del XV la Spagna, pur rimanendo sempre tributaria delle manifatture fiamminghe e francesi, apre anch'essa delle arazzerie.

L'Inghilterra del XV sec. si provvede esclusivamente di oltre Manica, mentre arazzieri francesi portano fin verso l'Oriente, la gloria dell'arte loro.

Si ha, infatti, che nel 1432-33 tal Clays Davion, arazziere *de haute lice* francese, presta l'opera sua a Buda per l'imperatore Sigismondo.

In Germania l'arte continua ad avere sol qualche vita in conventi e castelli.

Nel secolo XVI Francesco I di Francia, ha per l'arazzo una vera passione e favorisce la bell'arte da gran mecenate, tanto che il suo secolo segna per essa una epoca delle più memorande.

Parigi ed altre città di Francia vanno a gara nel produrre opere magnifiche, mentre tutti i grandi artisti d'Italia provvedono i loro splendidi cartoni.

Francesco I, verso il 1535, fonda la Manifattura di Fontainebleau, che dà lavoro a una quindicina di arazzieri.

La nuova officina è posta sotto la direzione di Filiberto Babou *sieur* de Bourdazière e del celebre architetto italiano Sebastiano Serlio.

Primaticcio è l'artefice delle più bell'opere che verranno affidate agli arazzieri e con lui provvedono i loro cartoni Matteo del Massaro di Verona e Claudio Baudouin.

La manifattura di Fontainebleau, passata sotto la direzione di Filippo Delorme, cade con la morte di Enrico II, il quale, pur incoraggiando tal officina, le crea una rivale in Parigi, aprendo una grande manifattura all'Ospedale della Trinità.

All'epoca di Francesco I anche nelle Fiandre l'arazzo ha un vero rifiorimento ; ma nella seconda metà del secolo XVI le manifatture di Brusselle principiano a decadere per effetto di guerre civili, persecuzioni e torbidi di ogni sorta.

Occorre a questo punto ricordare come Gand, Middelbourg, Delft ed Anversa abbiano pur avuto delle fiorenti manifatture.

Gand apre delle officine fin dal 1302 ; Delft, nel 1562, vanta un grande arazziere, Francesco Spierinck.

Anversa, però, più che un grande centro di produzione appare quale emporio commerciale, che invia ovunque la produzione delle vicine città, al par di Genova, che della bell'arte fu patrona munificente e di arazzi fece assai più commercio che non ne abbia prodotti, se pur ne produsse, lo che non possiamo affermare.

Nel secolo XVI lavorano per la Manifattura della Trinità in Parigi i pittori Antonio Caron (m. 1598) ed Enrico Lerambert, i quali, ispirandosi all'arte italiana, a Giulio Romano specialmente, compongono, fra l'altro, una

Storia di Mausolo e di Artemisia, nella quale le allusioni all'Artemisia dell'epoca, Caterina de Medici, sono evidentissime.

Dal 1570 al 1660 la Trinità produsse ben 1711 mq. d'arazzi!

Colla Manifattura della Trinità vanno ricordate le minori officine dell'Hôtel de Cluny, di Tours, Felletin ed Aubusson.

In Germania la manifattura di Lamingen produce discretamente, specializzandosi in istemmi ed in carte topografiche.

L'Inghilterra non ha, essa pure, che una sol officina quella di Burcheston, fondata da Guglielmo Sheldon, verso la fine del regno d'Arrigo VIII, la quale, al par di quella germanica, si specializza nella produzione di carte geografiche, sotto la direzione dell'arazziere Roberto Hicks.

Nel secolo XVII l'arazzo ha in Fiandra e anche in Francia nuova vita da Rubens che par far rivivere il bel secolo di Francesco I. A lui devesi il capolavoro dell'arte arazziera, la *Storia di Maria de Medici*, che passato, poi, ai licci presso i Gobelins, venne finito sotto il regno di Luigi Filippo.

Col Rubens contribuiscono a far rifiorire l'arte tutto un corteo di valorosi artisti francesi, fiamminghi ed italiani, ma specialmente vi contribuì un artista che col grande pittore fiammingo si contende la gloria, e cioè Carlo Le Brun, che fu vero maestro dell'arte decorativa pittorica.

Con Rubens e il Le Brun l'arazzo evoca le vicende del passato, fatti della Bibbia e della Mitologia, e tra-

manda ai posteri le glorie contemporanee con una mae-
stria, uno splendore d'arte veramente sommi.

In Francia Enrico IV e poi Luigi XIII e più specialmente Luigi XIV danno alla nobile industria vivo incremento.

Primo atto del Regno di Enrico IV fu l'insediamento
d'una scuola di alto liccio nel sobborgo di S. Antonio,
affidandola agli arazzieri Laurent e Dubourg (1597).

Nel 1603 la manifattura di S. Antonio passa al Louvre.
Oramai gli arazzieri fiamminghi verranno a prestare
l'opera loro a Parigi!

L'emigrazione era già principiata nel 1601; nel 1607
Enrico IV ai fiamminghi Franc. De la Planche e Marco
Comans, creandoli nobili, affida per 15 anni, la dire-
zione, prima d'una manifattura a Tournelles e poi a
Saint Marceau.

Ecco con quale disposizione il Re ricompensa l'opera
di quegli arazzieri: *Pendant vingt-cinq ans, nul ne pourra
imiter leurs manufactures; le Roy leur donnera, à ses
dépens, des lieux pour le loger, eux et leurs ouvriers, ces
derniers déclarés régnicoles et naturels, sur leur certifi-
cation de nos lettres patentes, exemptés de tailles et de
toutes autres charges pendant les dites vingt-cinq années;
les maîtres après trois ans, les apprentis, après six ans
pourront avoir boutiques, sans faire chef d'oeuvre, et ce
durant les vingt-cinq années; le Roy leur donnera, la pre-
mière année, vingt-cinq enfants, le seconde vingt, et autant
la troisième, tous Français, dont il payera la pension et
les parents l'entretien, pour apprendre le métier; les entrepreneurs tiendront quatre-vingts métier au moins, dont
soixante à Paris; ils auront chacun quinze cents livres*

de pension et cent mille libres pour commencer le travail:
toutes les étoffes employées par eux, sauf l'or et la soie,
seront exemptes d'impositions; ils pourront tenir brasseries
et vendre de la bière. L'entré des tapisseries étrangères sera
defendue; en vendant les leurs, ce sera au prix que les au-
tres se vendent aux Pays-Bas.

Tali privilegi ebbero una conferma, per altri 18 anni,
nel 1625.

Enrico IV apre al Louvre pure una manifattura di
tappeti *à la façon de Perse ou de Turquie.*

Da questa prima fabbrica di tappeti, che venne affidata alla direzione di Pietro Dupont, trasse origine la
manifattura della Savonnerie.

Per renderci conto del movimento industriale del
tempo occorre ricordare l'officina della Trinità che reg-
geva tuttavia alla concorrenza delle altre officine.

E per dimostrare al qual punto fosse giunto, nel
secolo XVII, l'ammirazione per l'arazzo, ricorderemo
come Luigi XIV donasse a Roma un arazzo di meravigliosa bellezza raffigurante *l'udienza concessa dal re*
Luigi XIV all'Ambasciatore di Spagna per dichiarare,
a nome del Re Suo Signore, che pell'avvenire gli Am-
basciatori di Spagna non dovranno mai porsi in gara
con gli Ambasciatori di Francia.

Quella di offrire in dono arazzi, era, nel secolo di
Enrico e di Luigi, abitudine di re e principi

I sovrani d'Inghilterra, Arrigo VIII, per ringraziare un
inviato del Papa, e Giacomo I, volendo render grazie
della accoglienza che il « Re Sole » gli ha fatta, gli manda
in dono degli splendidi arazzi, gli *Atti degli Apostoli,*
capolavoro della manifattura di Mortlake.

A proposito del dono di Arrigo VIII ad un inviato del Papa crediamo bene di farne particolar cenno.

Trattasi delle preziose opere che, ancora pochi anni sono, ammiravansi in un palazzo di Bologna, ond'è che noi li indichiamo qui sotto il titolo di *Arazzi di Bologna*.

Quelli che riproduciamo in queste pagine sono, appunto, quattro degli otto o nove arazzi che erano in quattro sale del palazzo Malvezzi Campeggi della « fosca e turrita » città.

Nel secolo XVI trovavansi, invece, nel palazzo d'Inghilterra a Roma (ora palazzo Giraud, in piazza Scossacavalli) ove rimasero fino alla vendita dell'immobile.

Arrigo VIII d'Inghilterra donò quel palazzo e tutte le cose preziose che vi erano, a quel monsignor Campeggi che andò a Londra, legato del Papa, con una missione relativa, vuolsi, alla sua richiesta di divorzio con Anna Bolena. Poco si sa di quella missione, ma è chiaro che il Re si sentì in dovere di molta gratitudine verso il prelato bolognese, poichè il dono fu splendido.

I Campeggi finirono in un ramo della famiglia Malvezzi, verso il principio del secolo XVIII.

Si è sempre detto che gli arazzi fossero fiamminghi, e tali sono.

E la tradizione vuole che siano stati intessuti su cartoni di Luca di Leyda.

Rappresentano la storia di Giacobbe.

I quattro qui riprodotti, rappresentano : 1° *La divisione dei greggi e della ricchezza fra Giacobbe e il genero Labano:* 2° *La fuga di Giacobbe con Lia e Rachele dalla casa di Labano:* 3° *Labano raggiunge i fuggitivi, fruga*

le salmerie per ricuperare gli idoli; e, infine, come La-
bano e Giacobbe giurano pace sulla pietra sacra: 4° *An-*
data di Giacobbe in Egitto, dove è accolto dal figlio Giu-
seppe e poi presentato a Faraone, e, nello sfondo del-
l'arazzo, *la morte di Giacobbe in Egitto.*

Le belle opere vennero, pochi anni or sono, vendute
e, come tanti altri tesori d'arte già decoro d'Italia nostra, passarono il confine. Ora si ammirano in un
Museo di Berlino.

Ricordiamo, ancora, come un tempo i preziosi arazzi
siano stati offerti in vendita per ben vil prezzo, per 10
scudi bolognesi!

Tornando a ricordare come la bell'arte nel secolo XVII
fosse in grande onore, così che nelle feste pubbliche
l'arazzo signoreggia con vera magnificenza, rileveremo
ora come sia in quest'epoca che alle manifatture private, in Francia, nelle Fiandre, in Italia, in Germania,
e altrove, ovunque l'arazzo fiorisce, si sostituiscono manifatture di Stato; all'azione dei privati subentra quella
dei governi e così sorgeranno le manifatture dei Gobelins, destinate ad oscurare la fama d'ogni altra officina,
Roma eccettuata.

I Gobelins, originari di Reims, esercitavano la tintoria dal secolo XV, traendo partito, vuolsi, da certe qualità speciali di un fiumicello, il Biévre, presso il quale,
nel sobborgo di Saint Marcel, sorgeva la loro officina.

Le virtù particolari delle acque del Biévre vennero
(*risum teneatis!*) attribuite all'effetto delle orine di uomini nutriti in modo speciale, con tali cibi che a causa
d'essi erano condannati a breve vita, poveretti!

La sciocca favola dettò al giocondo curato di Meudon il rabelliano capitolo XXII del *Pantagruel.*

L'acque portentose giovavano specialmente a preparare il vivo scarlatto, la preparazione del quale i Gobelins avevano, secondo la tradizione, appresa a Venezia.

Ad esercitare l'arte dell'arazzo presso i Gobelins fu prima la famiglia Canaye, alla quale successero Comans e De la Planche, che vennero nominati direttori della manifattura.

I famosi arazzieri passarono ai Gobelins alla morte di Enrico IV e cioè nel 1630, quando la celebre officina non portava ancora insegne reali. E presso i Gobelins rimasero pur gli eredi Comans, mentre gli eredi De la Planche si trasferiscono al sobborgo di St. Germain, all'estremità della *rue Varenne,* in una via che più tardi da loro prenderà nome.

Sotto Luigi XIII, il *Giusto,* oltre le manifatture dei Gobelins, producono arazzi in gran copia quelle del Louvre, delle Savonnerie e della Trinità.

Nel 1647 il Governo richiama da Firenze Piero Le Févre col figlio Giovanni, che, stabilendosi a Parigi, sarà il fondatore della grande *Manifacture royale des Meubles de la couronne* ossia della *Manifattura reale dei Gobelins.*

Pietro Le Févre ritornerà, nel 1650, a Firenze all'Arazzeria Medicea per poi rimpatriare ancora, nel 1655, lasciando definitivamente Parigi per la « Città dei fiori » verso il 1659.

La fondazione *con patenti reali* della Manifattura e dei Gobelins avviene nel 1662.

Prima di riassumere in brevi note le vicende di questa arazzeria citeremo fugacemente quelle altre manifat-

GLI ARAZZI DI BOLOGNA. — *Storia di Giacobbe: Gi*

...obbe in Egitto. — Cartone di LUCA DI LEYDA.

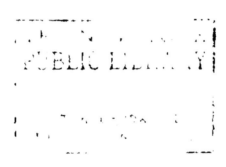

GLI ARAZZI DEL DUOMO DI MILANO. — *Mosè o...*

il prodigio dei serpenti. — Cartone di G. Romano.

ture che dal secolo XVII in poi ebbero qualche vita e produssero opere di un certo pregio.

Prima di tutte, ricorderemo la manifattura di Beauvais che venne fondata, per decreto reale, poco dopo quella dei Gobelins.

Fondatore fu Luigi Hinart, che da Luigi XIV ebbe privilegi e denaro.

Da principio la nuova arazzeria non prosperò gran che; fu solo nel 1684, sotto la direzione di Filippo Behacle di Tours, che potè aver vita rigogliosa e continuare floridemente fino al 1704, epoca della morte del Behacle.

Nel 1630 e fino al 1718 Tours produce ottimi lavori ; così Reims, nella prima metà del secolo; e a Maincy, nel 1758, l'arazziere Luigi Blamard intesse una *Storia di Costantino e le Caccie di Meleagro,* che passano alla storia dell'arazzo.

Luigi XIV autorizza a fregiarsi del titolo di *manifattura reale* pur la fabbrica *à la marche* d'Aubusson, destinandole un pittore che sarà scelto da *sieur* Colbert.

Ma Aubusson attese, invano, dal gran Ministro il suo pittore e visse negletta e si vide, poi, all'epoca dell'editto di Nantes, privata de' suoi migliori operai.

Presso Aubusson, Felletin, pure, vanta dei buoni arazzieri.

A Lille una manifattura, dopo aver stentato più e più anni, ha un qualche splendore dopo il 1667 e specialmente verso il 1684, sotto la direzione di Francesco Pannemaker.

6

Nel 1688 sorge a Lille una nuova manifattura per opera del brussellese Jean de Melter.

Nancy, nei primi anni del secolo (1604-625) vanta gli arazzieri Germano Labbé, Isacco de Hamela, Bernardo e Merchiorre Van des Hameiden.

In Fiandra, tramontato Rubens, col sorgere de Gobelins, Brusselle declina, benchè nel 1613, conti ancora 600 arazzieri.

Verso la metà del secolo vanta David Teniers, pittore di paesaggi rustici di non molto valore, che, però, ebbero una qualche voga e dall'autore furon detti *les teniers*.

Haarlem ha, anch'essa, i suoi arazzieri, dei quali passa alla storia Giuseppe Thibaut (1629) autore d'una *Resa di Damietta*.

In Germania, il Duca Massimiliano I di Baviera chiama arazzieri dall'estero a decorare i suoi palazzi in Monaco, e fra essi Giovanni von der Biest d'Enghien, Germano Labbé, già direttore a Nancy, come abbiamo veduto e Paolo Van Neuenhoven, l'autore della *Storia di Noè* che si conserva a Madrid.

Pittore delle arazzerie bavaresi fu Pietro de Wite, fiammingo.

Nel 1686 l'arazzo ha in Germania una qualche floridezza per opera di Pietro Mercier, già operaio in Aubusson, il quale dall'Elettore di Baviera riceve 2400 scudi per la sua manifattura.

L'officina di Mercier prospera, specialmente negli anni 1688-713, mercè il patronato di Federico I, che le affida di decorare i suoi castelli di Berlino e di Potsdam.

In Inghilterra, Giacomo I (1625) fa sorgere e prosperare, sotto la direzione di Francesco Crane, la manifattura di Mortlake, assegnandole 2000 lire sterline. A Mortlake, sotto Carlo I, si intessono i cartoni di Raffaello *Gli atti degli Apostoli*; Rubens e Van Dyck mandono i loro cartoni.

PALAZZO DEL QUIRINALE IN ROMA.

LA RICCHEZZA DI PSICHE.
Cartone di G. B. Oudry.

Anche Carlo II è mecenate generoso dell'arte, ma la Rivoluzione sopravviene e la manifattura di Mortlake cade col cader del secolo.

In Danimarca l'arazzo ha dei protettori nei re Cri-

stiano IV (1588-1648) e Cristiano V (1670-1699) sotto
il quale ultimo i fratelli Van der Ecken dirigono l'officina di Kiöge.

Anche in Russia penetra l'arazzo e vi fiorisce.

Nel 1607 Martino Stuerbout d'Anversa dirige a Mo-
scovia una manifattura d'alto liccio.

Passiamo al secolo XVIII.

A Beauvais dopo la morte di Behacle (1704) fino alla
nomina di Giovanni Battista Oudry, che vedremo, poi, ai
Gobelins, (1726) l'arte declina, fino quasi a morire; ma,
Oudry ne rileva ed assicura le sorti, tanto che nel 1780
sotto la direzione di A. C. Charron, successo all'Oudry,
le officine di Beauvais contano cinquanta arazzieri.

La Rivoluzione mette in pericolo le sorti della manifattura, che potrà ancora riaversi e durare fino ad oggi
con una qualche floridenza.

A Lille, Guglielmo Wernier di Brusselle regge le sorti
dell'arte durante i primi anni del secolo, fino al 1738,
epoca in cui muore.

Cambrai ha un'arazzeria dal 1724 all'anno della Rivoluzione.

Gisors vede sorgere una sua manifattura nel 1703.

A Nancy il Duca Leopoldo († 1729) fa tessere *Le battaglie del duca Carlo V* su cartoni di Carlo Herbel
(† 1703).

Siamo al secolo XVIII, e nella Spagna sorgono delle
manifatture a Madrid e a Siviglia.

Quella di S. Barbara a Madrid, posta nella *Casa del-
l'Abreviador*, venne fondata nel 1720 sotto re Filippo V
da Giacomo Van der Goten d'Anversa.

Quella di Siviglia venne fondata nel 1730 da Andrea Procaccini, già direttore della Manifattura di San Michele in Roma.

In Germania vi sono parecchie manifatture, dirette quasi tutte da Francesi.

A Monaco l'arte ha vita fino al principio del secolo seguente; a Berlino, a Pietro Mercier succede, nei primi anni del secolo, Giovanni Barrobon e poi Carlo Vignes, che nel 1736 dirige ben 250 arazzieri.

Dresda (1719) ed Heidelberg (1786) hanno anch'esse delle piccole officine.

In Inghilterra il governo abbandona l'arte che ha una qualche vita in officine private a Londra, Soho, Fulham ed Exeter.

A Pietroburgo sorge una manifattura di Stato, per volere di Pietro il Grande, che ne affida le sorti al Senato.

Negli anni 1766-77-78 vanno a Pietroburgo degli arazzieri di Brusselle.

In Fiandra, Brusselle, Gand ed altri centri di produzione alla fine del secolo XVIII, non contano che piccole manifatture con ben pochi operai; nel 1764, a Brusselle non vi sono che due officine con una quindicina di operai, non più; e nel 1768 non v'è che un sol arazziere, Jacques van der Borght, che muore nel 1794. Con lui l'arte dell'arazzo ha fine nella terra ove ebbe già tanto splendore.

Facendoci ora a riassumere brevemente la storia della manifattura dei Gobelins, ricorderemo come da essa, prima che passasse alla Corona, uscirono non pochi arazzi di grande pregio, fra i quali basterà ricordare quelli della *Storia di Costantino* dovuta al Rubens.

La manifattura dei Gobelins passò alla Corona, come

abbiamo veduto, nel 1662, ma le *lettres patentes de fondation* sotto l'insegna reale non vennero emesse, per vero, che nel 1667.

Luigi XIV, acquistate dagli eredi di Marco Comans le antiche manifatture dei Gobelins, le ingrandisce, costruendo vari fabbricati per alloggio del personale.

Alla manifattura degli arazzi ne aggiunge varie altre, di ricamo, di mobili, di mosaici uso Firenze e di oreficeria, così da giustificare il titolo di *Manufacture des meubles.* Ma le nuove officine hanno breve vita, e non sopravvivrà che l'antica industria dei licci.

Le Brun fu il primo direttore delle reali manifatture d'arazzo ed ebbe ai suoi ordini quattro officine, due di alto e due di basso liccio, dirette, a lor volta da quattro impresari *(entrepreneurs)* alle quali la Corona stessa forniva *les metiers* e cioè la lana, la seta e i fili d'oro e d'argento, provvedendo, per giunta, alle pensioni degli impresari e acquistando, poi, tutti gli arazzi. Le Brun, oltre un'assegno fisso, percepiva un particolare compenso per sue le composizioni da tradurre in arazzi. Le lane venivano tinte nelle manifatture; non così le sete, che si acquistavano già tinte.

Gli arazzieri si reclutavano nelle Fiandre; però era ad essi fatto obbligo di istruire degli allievi francesi pei quali erano state costituite delle *petites écoles* con tanto di cappellano.

La direzione superiore delle reali manifatture era affidata ad un *suritendant général des Batiments du roi et des Manufactures.*

Organizzatore creatore delle grandi officine fu il ce-

Vestibolo della Manifattura ERULO EROLI *in Roma.*

lebre ministro Giovanni Battista Colbert, che n' ebbe l'alta sorveglianza.

Entrepreneurs e arazzieri d'alto liccio furono i seguenti:

Entrepreneurs
dal 1662 al 1792.

Alto liccio

JANS padre (Giovanni)	1662–1691
LAURENT (Enrico).	1663–1690
LE FÉVRE padre (Giovanni	1663–1700
JANS figlio (Giovanni)	1697–1736
LE FEBVRE figlio (Giovanni) . . .	1697–1736
DE LA TOUR (Luigi-Ovidio) . . .	1703–1734
MONTMERQUÉ (Matteo)	1736–1749
AUDRAO (Michele)	1733–1772
COZETTE (Pietro-Francesco) . . .	1749–1792
AUDRAN figlio (Giuseppe)	1772–1792

Maestri Arazzieri.

Alto liccio.

COZETTE padre (Pietro-Francesco) . . .	1792–1801
COZETTE figlio (Michele-Enrico	1801–1817
CLAUDE (Francesco)	1817–1823
LAFORÈST padre (detto Limosin). . .	1817–1827
DURUY (Carlo)	1823–1850
LAFORÈST figlio (Luigi) 1ª gennaio . .	1828–1861
GILBERT (Enrico-Antonio)	1862–1871
MUNIER (Pietro)	1871–1875
COLLIN (Fiorenzo-Giacomo)	1875 —

L'elenco di quanto le reali manifatture producono sotto Le Brun è veramente straordinario.

Dal 1663 al 1690 vengono eseguiti ben 19 grandi
arazzi d'alto liccio di una superficie di mq. 4110 per
un valore di 1,106,275 lire, escluso il prezzo dei cartoni
e 34 arazzi di basso liccio di una superficie di metri
quadrati 4294, del prezzo di lire 623,601, la lira del
tempo equivalendo a 5 o 6 volte l'attuale nostra!

Ricorderemo le principali opere: *La storia del Re* di
Le Brun, gli *Atti degli apostoli* copia dell'arazzo di Mortlake; i *Mesi*, i cartoni dei quali vennero composti da
più artisti: Auguier disegnò i motivi architettonici;
Van der Meulen disegnò le figure dei personaggi, i tappeti, le argenterie raffigurate nei primi piani; Böels, gli
animali e Battista Monnoyer, i fiori: cinque pittori per
una sola composizione!

Altre opere eseguite sotto la direzione di Le Brun:
Le *Muse*, la *Storia di Alessandro* di Le Brun, *I trionfi*
di Noël Coypel, la *Storia di Mosè* di N. Poussin Bon-
nemer e Le Brun, e varie composizioni di Raffaello,
impropriamente dette le *Logge del Vaticano*, e di Giulio
Romano una *Storia di Psiche* e *Fanciulli giardinieri* di
Le Brun.

Oltre tali opere originali, altre varie le reali manifatture
ne produssero da cartoni d'altre celebri officine.

Negli ultimi anni del secolo XVII le manifatture dei
Gobelins subiscono le tristi conseguenze delle guerre
del tempo.

Al Le Brun, morto nel 1690, era succeduto Pietro
Mignard (1690-1695) sotto il quale la Corona è co-
stretta a chiudere le officine, precisamente il 10 aprile
1694, non potendo, per gl'impegni di guerra, soppor-

L'Arte e la Scienza incoronate in Campidoglio. — Arazzo del Comune di Roma.

tarne le spese. Le pensioni dovute al personale sono, però, sempre regolarmente pagate.

Gli arazzieri vanno dispersi: ventitrè fiamminghi rimpatriano, altri passano alle manifatture di Beauvais; alcuni prendono servizio militare.

La pace di Ryswick permette a Luigi XIV di riordinare le manifatture sotto la direzione di Roberto De Cotte, essendo Mignard morto da quattro anni.

Sovraintendente venne nominato Giulio Hardouin Mansard.

Succedonsi, di poi, varie direzioni e sovraintendenze, ma la manifattura non riavrà lo splendore d'un tempo, pur continuando a rappresentare sempre degnamente, la bell'arte e a produrre egregie opere.

Nel 1711 i bassi licci iniziano la fabbricazione degli arazzi detti *chancelleries*, perchè venivano dati in dono ai cancellieri in occasione della loro nomina.

Un arazzo, la *Storia di Don Chisciotte*, che passerà alla storia dell'arte, viene messo su telai nel 1723.

L'elevazione al trono di Luigi XV dà motivo per intessere un arazzo dal titolo *L'Ambasciata turca*.

Nel 1736 vien nominato ispettore G. B. Oudry, già *entrepeneur* a Beauvais, la nomina del quale va particolarmente ricordata perchè sotto di lui avvennero contese, delle quali dovremo poi valerci per considerazioni di carattere tecnico.

Fino al 1736, nella scelta dei colori, coi quali interpretavano i cartoni, gli arazzieri erano assolutamente liberi, talchè, anche sotto Luigi XIV, epoca in cui le composizioni erano sempre complicatissime, non si usavano più di ottanta tinte.

Gli arazzieri sopprimevano tutte quelle tinte che, secondo la loro pratica non erano *couleur de tapisserie* ossia non erano colori di buona tinta.

Non ostante gli effetti del tempo e della luce, gli antichi arazzi conservano una tonalità vigorosa ed una grande armonia.

Quando Oudry impone dei cartoni dalle tinte chiare, ove i grigi predominano, gli arazzieri, abituati alla scuola di Le Brun e de' suoi allievi, si rifiutano di intesserli.

Oudry insiste e gli arazzieri devono subirlo; ma il tempo darà loro ragione appieno, chè gli arazzi eseguiti secondo il volere di Oudry perderanno, in breve, ogni armonia di colore.

Anche nei fregi si vuol mutar sistema, lasciando gli antichi floreali e grotteschi per dei nuovi, con motivi architettonici, i quali finiscono per non essere che delle imitazioni di volgari cornici di legno scolpito e dorato. Tali nuovi fregi assumono proporzioni così grossolane e pesanti che poco dopo si ritorna agli antichi.

Nel 1743 si comincia la *Storia d'Ester* su cartoni dipinti a Roma da G. Francesco De Troy.

Verso tal epoca l'arazzo risente dell'influenza della Pompadour, che fa nominare Normand de Tournehem, zio del proprio marito, direttore generale delle reali manifatture.

Il matrimonio del Delfino con Maria Giuseppina di Saxe (1747) dà motivo a nuove grandi opere; nel 1725 le manifatture vengono ingrandite.

Nel 1755 a Oudry succede Francesco Boucher e vien nominato direttore Soufflot, reduce da un lungo viaggio in Italia, da lui compiuto assieme al De Marigny.

Soufflot, appena assunta la direzione, modifica i telai dei bassi licci, rendendo mobile l'asse che porta i due tubi di ghisa, così da poter vedere il lavoro man mano che viene eseguito.

Il primo arazzo *Gli Amori degli Dei*, opera del Boucher, viene cominciato nel 1758.

Verso quest'epoca le manifatture, causa la penuria di denaro nelle reali casse, subiscono un nuovo ristagno nella loro produzione; ond'è che per far fronte agli impegni verso il personale esse vengono autorizzate a lavorare pel pubblico. Si ripongono, quindi, sui licci, nel 1762, per la nona volta, vecchi arazzi, quali quelli della *Storia d'Ester*, e per la settima volta della *Storia di Giasone* e così altri che vengono messi in commercio fino verso il 1772, epoca in cui si principiano nuovi arazzi *I Pastorali* di Boucher, *La Pesca*, *La Buona avventura*, *Silvia liberata da Aminta*, *Aminta soccorsa da Silvia*, soggetti tratti dall'*Aminta* del Tasso.

Nel 1773 vengono rinnovati completamente i magazzini delle sete e lane.

Nel 1778 si principiano gli arazzi su cartoni di Amedeo Vanloo.

Verso quest'epoca, essendo a Soufflot successo il Pierre, le manifatture subiscono i tristi effetti di contese interne fra la direzione, gl'impresari, gli arazzieri e i loro alunni.

L'assegno che le manifatture godevano dalla Cassa reale era, in questo tempo, di 100.000 lire (moneta del tempo) di cui 50.000 venivano pagate per le spese generali e 50.000 per gli arazzi.

Gli impresari erano pagati un tanto l'*auna quadrata* (misura d'allora) a seconda del merito e delle difficoltà del lavoro, più ricevevano 60 franchi per le stoffe, diffalcando dalla somma il prezzo delle forniture avute dai reali magazzini.

Verso il XVII secolo vennero aumentati franchi 60 per ogni auna quadrata, indipendentemente dalle pensioni che il re assegnava.

Gli arazzieri erano pagati con tariffe varie complicatissime, che soventi davano ragione a gravi contese.

Ma, dice Alfredo Darcel in un suo scritto riguardante i Gobelins:

Il y avait, enfin, a ce qu'il parait, un certait nombre d'ivrognes et de mauvais sujets, dont on n'osait se defaire qui, usant de toutes le causes de conflit que devait faire naitre une organisation si complexe, portaient le trouble dan les ateliers.

Nel 1788 si hanno dei nuovi aumenti nelle mercedi. L'anno seguente le manifatture subiscono un'altra crisi a causa di torbidi scoppiati nel sobborgo di St. Antoine.

In tal anno, al Pierre succede Guillaumot, per la parte amministrativa, e Vien per l'artistica.

Sotto di essi i salari a cottimo vengono stabiliti a giornata fissa, la cui media è di lire 3 al giorno (moneta del tempo).

Il bilancio delle reali manifatture riceve a quest'epoca 150.000 lire di sovvenzione annua.

Accenneremo prima di seguire il succedersi degli anni, che dal 1782 al 1789 la produzione delle reali manifatture si fa ogni anno maggiore, così che il novero delle opere intessute raggiunge una cifra ben ragguardevole.

GALLERIA DEGLI ARAZZI AL VATICANO. — *Gesù Cris*

...consegna le chiavi a S. Pietro. — Cartone di RAFFAELLO.

All'epoca della Rivoluzione la ragione politica entra nelle manifatture e vuole sia abbandonata ogni insegna, ogni fregio che ricordi gli antichi reami.

Dal *Comité de salut public* viene nominato una commissione d'artisti coll'incarico d'un'ispezione alle officine. Questa commissione trova « che troppi personaggi degli arazzi *portan corona*, che nell' arazzo *L'assedio di Calais*, di Barthélemy, i borghesi si umiliano davanti ad un re; che troppi soggetti si riferiscono a fatti religiosi ».

Pur tuttavia, proibendo di seguire gli antichi soggetti, la *Convention*, il 1° *prairial* (nono mese dell'anno repubblicano) anno 2°, stabilisce che i quadri che avranno ottenuto un premio nazionale saranno eseguiti ad arazzo e che *sera fait, incessamment, sous la surveillance de David, des copies soignées des deux tableaux de Marat et Pelletier pour être remis à la manufacture et y être exécutés.*

Vengono, inoltre, stabiliti concorsi e nuovi programmi, facendo, infine, una scelta di quanto degli antichi e nuovi modelli poteva esser intessuto. E per frar fronte agli impegni finanziari delle manifatture molti arazzi vengono posti in vendita.

Una grossa partita vien stabilito d'inviarla a Genova per essere, appunto, venduta; ma ignorasi se effettivamente fu spedita.

Nell'anno IV si hanno delle vendite per ben 574.000 franchi, mentre molti arazzi vanno in dono a diplomatici esteri.

In tal guisa il personale della manifattura, che non riceveva in questo tempo che il 6 o|o in denaro e il

7

resto in commestibili, ha una prima somma, da ripartirsi, di 94.500 franchi.

MANIFATTURA ERULO EROLI IN ROMA.

Roma Communis Patria - Arazzo del Comune di Roma.

L'anno V si riprendono i pagamenti degli assegni per intero, a contanti, ma il 6 *floreal* (24 giugno 1797) un decreto riduce di un quarto gli stipendi del 1791.

Nell'anno VII il personale della manifattura deve prestar giuramento alla *Constitution* dell'anno III. Guillaumot, avendo fatte grosse vendite, può saldare tutti gli arretrati del personale ed assumere nuovi alunni coll'assegno di 20 lire mensili, da distribuirsi fra essi e i loro maestri arazzieri.

In questo turno di tempo Guillaumot perfeziona i telai d'alto liccio, sostituendo all'apparecchio del cordame e delle leve, che tenevan fissi i cilindri recanti attorno le catene, una ruota dentata all'un capo dei cilindri, messa in moto da una manovella.

Modifica, inoltre, il meccanismo dei cilindri, facilitandone lo spostamento fra di loro ed inventa un nuovo telaio d'alto liccio, cosi fatto da non dover più avvolgere il tessuto, ma da poterlo finire conservandolo sempre svolto e teso.

Il *Rapimento d'Oritea* di Vincent venne tessuto nel nuovo telaio, il quale, però, sarà presto abbandonato per tornare all'antico.

Al ristabilimento dell'Impero, nel 18 maggio 1804, le manifatture tornano a vita più tranquilla e sicura, al servizio di Corte, sotto l'intendente generale conte Daru, con un assegno fisso di 150.000 lire annue.

In quest'epoca viene riordinata la tintoria, ponendo a capo d'essa il chimico Roard e il tintore Blondeau, e per la fornitura delle lane si tenta di liberarsi dall'Inghilterra, della quale la Francia era tributaria dall'epoca di Luigi XIV.

A tal fine viene provata una lana di montoni *merinos* di Rambouillet; ma il tentativo dà esito negativo.

Tornate all'Impero, le manifatture riprendono ad intessere fatti di Corte e avvenimenti del tempo.

Si principia ad intessere la *Morte del generale Desaix* di Regnault (1811) e la *Peste di Giaffa* di Gros (1814)

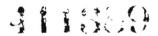

e poi *Napoleone al passaggio del S. Bernardo* di David,
Napoleone distribuisce spade d'onore e il ritratto dell'Imperatrice Giuseppina.

Gli arazzi riferentesi alla storia napoleonica non hanno
fine e si susseguono su telai di alto e basso liccio
senza posa, non tralasciando il benchè minimo avvenimento.

Cade l'Impero, e le manifatture subiscono nuova crisi,
ma di breve durata, chè verso il 1817, sotto Mulard, succeduto a Belle, le officine hanno ancora un bel movimento e producono molte e varie opere.

Verso il 1824 i bassi licci sono soppressi ai Gobelins
e mandati a Beauvais per far posto ai telai da tappeti
delle manifatture della Savonnerie che erano state chiuse.

Durante i primi anni di Luigi Filippo si torna ad intessere opere di Raffaello con una *Santa Famiglia* e più
tardi cogli *Atti degli Apostoli*, a Rubens, con la *Galleria
del Lussemburgo*.

La Rivoluzione del 1848 fa entrare la manifattura
dei Gobelins in possesso dello Stato, e precisamente
sotto la direzione del Ministro d'Agricoltura e Commercio assieme alle manifatture di Beauvais. Le due
officine sono poste sotto la direzione del pittore Bodin.

Nel 1859 si ha un nuovo ritorno dei Gobelins alla
dipendenza della lista civile; Bodin passa a Beauvais,
fatta di nuovo autonoma, lasciando il proprio posto all'ingegnere Lacordaire.

In quest'epoca le reali manifatture avevano su telai
la *Trasfigurazione* ed altre opere di Raffaello, di Caravaggio, di Tiziano, di Boucher, mentre nuovi modelli

venivano provveduti dagli alunni dell' Accademia di
Francia in Roma.

MANIFATTURA DI ERULO EROLI IN ROMA.

Gli Stemmi dei Rioni. - Arazzo del Comune di Roma.

Nel 1860 le amministrazioni dei Gobelins e di Beauvais sono di nuovo riunite sotto Badin.

Cade l'Impero, e le manifatture ritornano sotto la
amministrazione dello Stato, al dicastero dell'Istruzione
pubblica. Siamo all'assedio di Parigi e le officine sono
deserte; vengono smontati i telai per far posto a delle
ambulanze, allo Stato Maggiore, a magazzino di viveri
e di munizioni di guerra.

Sotto la Comune allo Stato Maggiore, negli uffici delle manifatture, succede il *Comité de défense.*

Il 23 maggio, allorquando le truppe di Versaglia respingono l'insurrezione, i Gobelins sono presi tra due fuochi.

L'incendio vi arde e una quantità di arazzi va distrutta.

Nel 1871 tornano giorni tranquilli, vien ripreso il lavoro sotto Chevreul, mettendo su licci opere di Raffaello, Correggio e Andrea del Sarto.

Alla fine dell'anno vien nominato amministratore Alfredo Darcel, che cerca di far riprendere all'arazzo il suo carattere decorativo, mettendo su licci dei pannelli pel Teatro dell'Opera e per vari altri pubblici edifici.

Nel 1878 vien costruita una galleria provvisoria per sostituire le antiche sale, distrutte dall'incendio del 1871; in questa galleria viene inaugurata una mostra permanente retrospettiva di tutta l'opera dei Gobelins.

Così tutta l'amministrazione viene riorganizzata e vengono aperti corsi e scuole varie per l'insegnamento della pittura e dell'arazzo.

Nel 1880 vien messo in opera un telaio tutto metallico.

Nel 1885 viene ordinata ed ampliata la mostra permanente; in seguito si provvederà a che all'antica sede ricordante Enrico IV e Luigi XIV altra ne sia sostituita, secondo le moderne esigenze, perchè la bell'arte deve, per decoro nazionale, vivere e rifiorire. E la sovvenzione dello Stato verrà portata a 400,000 lire annue

Tale l'esempio che ci viene dalla Francia!

* * *

Giunti alla fine del rapido compendio storico, dobbiamo far breve cenno delle illustrazioni inserite in questa edizione.

Con belle riproduzioni abbiamo voluto ricordare in particolar modo: gli arazzi andati distrutti nell'incendio di Milano, quelli di Bologna, emigrati all'estero, e quei della *Battaglia di Pavia* del Museo di Napoli e poi arazzi vari per dar una qualche idea dell'arte delle differenti epoche e manifatture.

Alle varie riproduzioni, troppo numerose, forse, in confronto della brevità del testo, non abbiamo potuto dare un giusto ordine d'inserzione, come avremmo desiderato, a seconda dell'epoche delle differenti manifatture. Vennero inserite avanti d'ogni altra le riproduzioni di quelle opere citate per le prime nel testo e poi via via tutte le altre, delle quali daremo ora un qualche particolar ragguaglio.

A rappresentare l'arte delle prime manifatture abbiamo riportato, oltre il frammento Arabo-Ispano dell'Eroli, uno *Stemma* del Kensington, *La Risurrezione* del Louvre, *La Storia di David e Bersabea* della Regia Galleria degli Arazzi di Firenze. I primi due tessuti sono, certo, d'epoca anteriore al XV secolo; l'altra, d'ignoti arazzieri e pittori tedeschi, venne intessuta nel XV secolo e fa parte di tutta una collezione di arazzi rappresentanti la storia dalla quale si intitola. Le varie epoche dell'arte fiamminga e francese vennero ricordate dalle prime pagine, con le riproduzioni degli *Arazzi di Bologna* attribuiti a Luca di Leyda, con quelli di

Van Orley di Napoli, e quei di Milano, ritenuti, questi, pure per fiamminghi, e poi con un capolavoro dell'Urbinate *Gesù Cristo consegna le chiavi a S. Pietro*, delle GALLERIE VATICANE, cogli arazzi della GALLERIA POLDI PEZZOLI di Milano, con *Le vittorie di Luigi XIV in Olanda, Le feste di Enrico II e di Caterina De Medici*, con *La Ricchezza di Psiche* dell'Oudry, la *Crocefissione* di Luca Van Schoor di S. Maria Maggiore di Bergamo, e, infine, col *Passaggio delle Milizie* di Padova, attribuito al Vermeyen.

L'arazzo del divino Raffaello venne disegnato nel 1515 per ordine di Leone X; non è, però, certo se venne intessuto ad Arras od a Brusselle.

Nel 1798 la magnifica opera, tolta al Vaticano dai Francesi, fu venduta ad Ebrei di Genova; ma venne in seguito riacquistata da Pio VII.

Il cartone originale, acquistato da Carlo I e poi nuovamente venduto ed acquistato all'incanto da Cromwel (il quale pagò sette cartoni raffaelleschi 300 lire sterline) trovasi, ora, al SOUTH KENSINGTON MUSEUM di Londra.

Degli arazzi della GALLERIA POLDI PEZZOLI di Milano quello dello Spiringius, rappresentante un fatto d'arme, porta la data d'esecuzione; l'altro raffigurante la regina di Saba, venne intessuto al principio del secolo XV.

Della seconda metà del secolo XVI, di composizione e tessitura meravigliose, è l'arazzo *Feste di Enrico II e Caterina De Medici* della GALLERIA DEGLI ARAZZI di Firenze: ma pittore ed arazziere sono sconosciuti. La magnifica opera è tessuta in oro, seta, filaticcio e stame ed ha tali marche, che riporteremo in seguito, al capitolo *Marche e monogrammi*, per le quali devesi ritenere proveniente da manifattura fiamminga.

L'arazzo *La ricchezza di Psiche* porta il nome di G. B. Oudry e venne intessuto alla prima metà del secolo XVIII a Beauvais.

L'arazzo, tuttora conservatissimo, della *Crocefissione* di Bergamo venne eseguito in Francia, nei primi anni del 1600, da Giovanni Reghelburgo, su cartone di Luca Van Schoor, per commissione della *Misericordia*, amministratrice della Basilica di S. Maria Maggiore di Bergamo, la quale conserva altri due belli arazzi, attribuiti agli stessi autori ed altri otto ne possiede, di soggetto religioso, attribuiti a Giulio Romano.

Circa l'antico arazzo fiammingo, posseduto dal Civico Museo di Padova e rappresentante *Una spedizione militare*, abbiamo dalla Direzione di quel Museo, cui rendiamo, pei dati cortesemente fornitici, i più vivi ringraziamenti, che il bell'arazzo appartenne alla famiglia padovana dei Grompo, uno dei cui membri lo acquistò in Polonia, all'epoca della soppressione di quel regno; a quanto pare esso aveva fatto parte, in origine, delle raccolte artistiche di quella casa regnante.

Uno dei Grompo lo cedette, molto più tardi, per debito di danaro, alla Veneranda Arca del Santo (opera della Basilica di Sant'Antonio) la quale lo espose nella chiesa, sopra la porta maggiore ; finalmente, alcuni decenni or sono, essendo intervenuta un'amichevole transazione fra l'Arca del Santo e il Municipio di Padova, per debiti che quella aveva verso di questo, l'arazzo passò, assieme ad un dipinto del Garofalo, in proprietà del Municipio e, quindi, al Museo.

Nulla si sa, nè del fatto storico che esso rappresenta, nè del pittore che lo disegnò, nè dell'arazziere che lo eseguì.

Studi accurati, dalla Direzione del Museo di Padova fatti in proposito, a null'altro condussero se non a scoprire cinque lettere, evidentemente cinque iniziali, tessute fra i polpacci del personaggio principale, del condottiero, che, circondato dal suo stato maggiore, sta in piedi, a sinistra della composizione, mentre gli scudieri gli vestono le armi e gli conducono il cavallo. Queste lettere, di scrittura gotica, sono le seguenti: VRIAG.

Tenuto conto che i caratteri artistici, nonchè il metodo di esecuzione dell'opera e i costumi dei personaggi ci fanno risalire evidentemente alla fine del secolo XV o ai primissimi anni del secolo XVI, le due prime lettere si potrebbero spiegare, come furono spiegate dal prof. Boloz Antoniewicz dell'Università di Lemberg: *Veenceslaus Rex*, ma le altre rimangono sempre un enigma. Ad ogni modo sembrerebbe che l'arazzo rappresentasse veramente una delle tante spedizioni di Venceslao.

Che, poi, si tratti di un arazzo fiammingo, disegnato da un artista nordico, probabilmente tedesco, ognuno vede; ma, ripetesi, nessuno, fra i tanti studiosi che si sono occupati di quest'opera, ha potuto dire il nome dell'artista.

Taluno, basandosi sulla somiglianza di altre composizioni, ha fatto il nome di Giovanni Vermeyn o Vermay; anzi, con questo nome fu riprodotto dall'Alinari; ma, anche un rapido confronto colle opere sicure del

Vermeyn, ci pare che basti ad escludere o per lo meno ad infirmare assai tale attribuzione.

Di più non si può dire. Sigle, tranne le cinque lettere sopra citate, e stemmi non ci sono; lo stemma familiare che si vede in alto sulla *bordura*, è stato cucito dai Grompo molto più tardi.

Un altro arazzo del quale ignoransi gli autori, ma ch'è, certo, dei Gobelins, è quello dei *Fanciulli giardinieri* pur della GALLERIA DEGLI ARAZZI di Firenze. Ritiensi appartenga alla serie degli arazzi detti *Les enfants jardiniers* intessuti ai Gobelins da Jans figlio e Le Fèvre padre, ai primi del secolo XVIII.

Delle RR. Gallerie fiorentine abbiamo poi l'*Arresto d'Aman* di Giovanni Audran, arazziere dei Gobelins, eseguito su cartone dall'accademico Giovanni Francesco De Troy dipinto in Roma nel 1740.

A rappresentare ora una manifattura italiana, quella di Firenze, abbiamo *I sogni del coppiere e del panettiere di Faraone*, disegnato da Alessandro Allori detto il *Bronzino* ed intessuto nelle officine medicee, nella seconda metà del secolo XVI, dal fiammingo Giovanni Roost, e la *Storia di Abigaille*, di pittore e arazziere fiorentini ignoti, intessuto in Firenze nel XVI secolo.

L'arazzo del Roost è di proprietà della R. Casa, l'altro trovasi alla R. GALLERIA DEGLI ARAZZI in Firenze.

A ricordare l'arte italiana d'oggi diamo, infine, per la manifattura di S. Michele *L'apoteosi di Casa Savoia*, da cartone di C. Mariani, già esposto a Parigi e poi a Milano, ove andò fatalmente distrutto nell'incendio del 3 agosto; e per la manifattura Erulo Eroli riproduciamo gli arazzi eseguiti pel Comune di Roma.

MARCHE E MONOGRAMMI
DI MANIFATTURE E D'ARAZZIERI

———

Nella bell'opera **La Tapisserie** di E. Müntz, l'autore, deplorando che *personne jusqu'ici n'a tenté de dresser une table générale des marques et monogrammes employés dans les différents ateliers de tapisserie de l'Europe,* indica come marche e monogrammi principali di manifatture e di arazzieri i seguenti che riportiamo rilevandoli da detta opera.

I.

MARCHE DI MANIFATTURE.

Amiens. Secondo una memoria redatta nel 1718 dalla *Corporation des tapissiers* di Parigi, le fabbriche di Amiens avevano per marca una doppia S attorcigliata.

Il Müntz crede, però, che si possa attribuire ad Amiens quest'altra marca (1) che si riscontra nell' *Enlèvement d'Elie* (Garde-Meuble national). E ciò perchè tal arazzo ha lo stesso fregio del *Sacrifice d'Abraham,* firmato

A. C. (Alessandro Comans). Si sa, infatti, che De la Planche e Comans, sotto Enrico IV, s'erano obbligati a

(1)   (2)

stabilire delle manifatture, oltre che a Parigi e altrove, anche ad Amiens; e che ogni lor opera doveva portare il fiordaliso accompagnato dall'iniziale della città ove essa era stata intessuta.

Anversa. Una specie di fregio confuso a guisa di cifra.

Audenarde. Un certo fregio con una specie di croce ed un'altra marca a forma di cuore con sopra delle *lunettes* (occhiali). (2)

Beauvais. Un cuore rosso con palo bianco nel mezzo e due B; più tardi, lo scudo di Francia e il nome degli *entrepreneurs* seguenti:

Hinard Louis, 1664-84.
Béhacle o Béhagle, 1684-1704.
Béhacle (gli eredi), 1704-11.
Filleul, fratelli, 1711-22.
De Meroux, 1723, destituito.
Duplessis, pittore dell'Opera, dimissionario.

Oudry e Besnier, 1726-55.
Charron e Damon, pittore, 1754-80.
De Menou 1780-93.

Bruges:

Brusselle. Uno scudo tra due B *(Bruxelles en Bra-bant)* che nel 1528 vien reso obbligatorio:

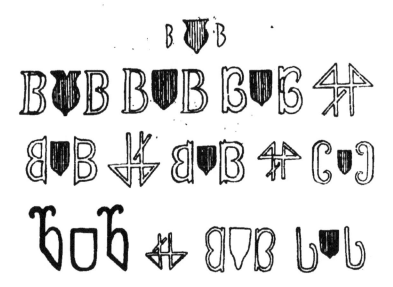

Firenze:

Lilla. Giglio d'argento in campo *de gueules* con le lettere L. F. e con nomi di Delatombe, Pannemaker, di G. Werniers ed anche di « La Veuve de G. Werniers »

L. F.

G. WERNIERS

Mortlake. *Carolo rege regnante* — Mortlake:

Monaco. Scudo con un fanciullo in piedi, le braccia tese, su campo bianco.

Nancy. Le *Battaglie del duca Carlo V (Garde-Meuble* di Vienna) con la marca di Carlo Mitté.

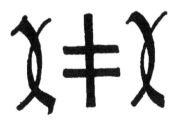

C.M.E. ✝ NANCI . 1705

Parigi. Dalla fine del XVI secolo al principio del sec. XVII queste marche:

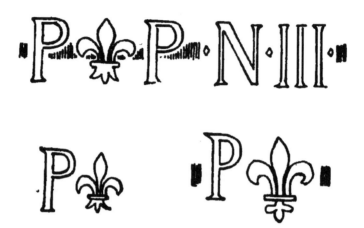

La N seguita da III è un numero d'ordine, non una marca.

Alla manifattura dei Gobelins nel XVII e XVIII secolo usano contrassegnare gli arazzi col nome degli impresari seguenti:

Jean Jeans (Alto liccio), 1662-68.

Henry Laurent (A. L.), 1663-70.

Jean Lefébre, père (A. L.), 1663-1700.

Jean de la Croix (Basso liccio), 1663-1712.

J. B. Mosin (B. L.), 1663-1693.

Jean Jans, fils (A. L.), 1668-1723.

Dominique de la Croix, fils (B. L.), 1693-1737.

Souette (B. L.), 1693-1724.

Jean de la Fraye (B. L.), 1691-1729.

Lefèbre, fils (A. L.), 1697-1736.

Etienne Le Blond (B. L.), 1701-1727.

L. O. de la Tour (A. L.), 1703-1734.

I. I. Jeans (A. L.), 1723-1731.

E. Claude Le Blond (B. L.), 1727-1751.

Mathieu Monmerqué (B. L.), 1730-36; (A.L.), 1736-49.

Michel Audran (A. L.), 1733-71.

P. F. Cozette (B. L.), 1736-49; (A. L.), 1746-92.

Jacques Neilson (B. L.), 1749-88.

D. M. Neilson, fils (B. L.), 1775-79.

Joseph Audran (A. L), 1772-92.

M. H. Cozette (B. L.), 1788-92.

Solo negli ultimi tempi i Gobelins presero ad usare un G attraversato da una *broche*.

Roma. Secolo XVII: le api dei Barberini di papa Urbano VII; secoli XVIII e XIX: Una tiara, ch'era forse l'insegna d'una manifattura privata, posta sotto il patronato della Santa Sede; la lupa con Romolo e Remo, anche questa insegna privata, e poi la Manifattura di S. Michele con l'insegna dell'Arcangelo titolare.

Tournai:

Tours. Una doppia torre.

II.

Marche di Tappezzieri e d'Impresari.

Biest (Jean Van der). - Monaco, secolo XVII.

Boteram (Rinaldo). – Mantova e Ferrara, XV secolo.

De Comans. – Parigi, XVII secolo.

Crane (sir Francis). – Mortlake, XVII secolo.

Févre (Pierre). – Firenze e Parigi, secolo XVII.

Geubels (François). – Brusselle, XVI secolo.

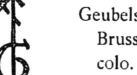

Geubels (Wilhelm). – Brusselle, XVI secolo.

François Van den Hecke. – Brusselle, XVII secolo.

Karcher (Hans). - Ferrara, XVI secolo.

Leyniers (Antoine). - Brusselle, XVI secolo.

Maelsaeck (F.V.). - Brusselle, al principio del XVII secolo.

Pannemaker (Wilhelm de). - Brusselle, XVI secolo.

Reymbouts (Martin). - Brusselle, XVII secolo.

Roost (Jean). - Firenze, XVI secolo.

Raës (Jean). - Brusselle, XVII secolo.

Segers (Wilhelm). - Brusselle, XVII secolo.

III.

MARCHE INDETERMINATE.

Alsazia. Fine del XVI secolo: *Scene della vita di Cristo.* Collezione Muller, a Mulhouse.

Brusselle. Storia di Vulcano, XVI secolo (n° 1). — *Storia di Romolo e Remo* - Garde-Meuble di Vienna (n° 2). — *I dodici mesi* - Garde-Meuble di Vienna (n° 3).

1   2   3

Storia di Tobia - detta collezione (n° 1). — *Storia di Pomona e di Vertunno* - detta collezione (n° 2). —

Storia di Abramo - detta collezione (n° 3); questa sarebbe la marca di W. De Pannemaker.

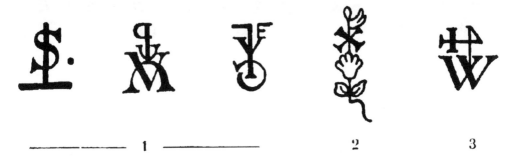

Storia di Jean de Castro - detta collezione (n° 1). — *Mosè che batte la roccia* - collezione privata (n° 2). — *Storia di Giosuè* - detta collezione (n° 3), marca attribuita a Martin Reymbouts.

Verdura - detta collezione (n° 1). — *Ercole e Centauro* - idem (n. 2°). — *Ester davanti ad Assuero* - idem (n° 3). — *Una donna alle ginocchia d'un generale* - idem (n° 4).

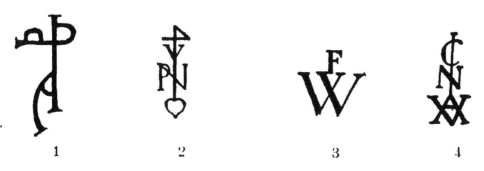

Storia di Ciro. Fregio del genere di Stefano de L'Aulne - collezione privata (n° 1). — *Diana cacciatrice* (verdura) - idem (n° 2). — *Storia di Mosè e di Giosuè* - collezione di M. J. Le Breton (n° 3).

1 — 2 — 3

Brusselle. XVII secolo. *Storia di Gombaut et Macée* - collezione privata (n° 1). — *Storia di Diana* con le firme di Jean Raës e di Giacomo Geubels (n° 2).

1   2

Fiandre. Fine del XVI secolo (n° 1). — *Mortlake. Atti degli Apostoli* - Garde-Meuble national (n° 2).

— 1 —   2

Parigi. Alla fine del secolo XVI e al principio del XVII sec. monogramma accompagnato da un fiordaliso e d'un P. *Storia d'Artemisia* al Garde-Meuble national (n° 1).

Secolo XVII. Manifattura di Comans: *Aretusa cambiata in fonte* (n° 2), stessa manifattura. — *Il sacrificio di Abramo* al Garde-Meuble national (n° 3).

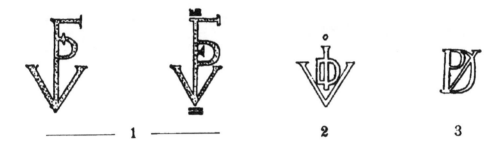

1   2   3

Secolo XVII. Manifattura parigina sconosciuta (1). Questa marca è accompagnata d'un P e d'un fiordaliso. *Storia di Costantino* al Garde-Meuble di Parigi e a quello di Vienna. — *Storia di Diana* al Garde-Meuble di Vienna.

Manifattura sconosciuta: *Storia di Mosè,* XVI secolo; con la croce di Lorena, al Garde-Meuble imperiale di Vienna (n° 2).

1   2

* * *

Abbiamo, anche a riguardo delle manifatture di Roma, riportato i ragguagli del Müntz, ma, per vero, delle marche da lui indicate come quelle delle varie antiche arazzerie romane non ci venne fatto di aver conferma.

Aggiungiamo, ora, alcune marche che riscontransi in arazzi delle *R. Gallerie* di Firenze e che rileviamo dal Catalogo pubblicato dalla Direzione delle Gallerie.

 In una *Spalliera* (Cat. n.ᵉ 13) dall'arazziere mediceo Giovanni Roost eseguita a Firenze tra il 1549 e il 1553 su cartone di Francesco d'Ubertino Verdi detto il *Bachiacca*

Tal marca (*Factum Florentiae*) trovasi assieme all'altra, già riportata, dal Roost ideata per indicare -- con pezzo d'arrosto allo spieto — il proprio nome italianizzato in *rosto* o *arrosto*.

In altra *Spalliera* (Cat. n.° 14) eseguita dall'arazziere mediceo Karcher Niccolò fra il 1549 e il 1553, a Firenze, su cartone del Bachiacca. Va unita alle lettere F. FLO. (*Factum Florentiae*).

F. A. F. 1600 Su l'arazzo *Il tradimento di Giuda* (Cat. n.° 27) dall'arazziere medi_ceo Guasparri di Bartolomeo Papini eseguito nel 1600 su cartone di ignoto pittore fiorentino.

F·✠F·G·P

Sull'arazzo *Favola di Fetonte* (Cat. n.° 49) dal detto Guasparri intessuto dal 1587 al 1621 su cartone di Alessandro Allori. Le lettere G. P. sono le iniziali dell'arazziere.

 Su l'arazzo *Creazione della donna* (Cat. n." 33) dei primi del secolo XVI di ignoto arazziere fiammingo e di ignoto pittore.

 Di ignoto arazziere fiammin-mingo su arazzo eseguito nella seconda metà del secolo XVI (Cat. n.° 71). Le due B indicano le manifatture di Brusselle e il monogramma seguente indica l'arazziere. Di questa marca il Wauters nella sua opera *Les tapisseries bruxelloises* dà questa curiosa spiegazione: « Un « autre fait notable et dont la constatation trouve ici sa pla- « ce naturelle, c'est la division du métier des tapissiers en « deux camps: d'un côté, la masse des artisans et avec eux « les maitres travaillant pour des tiers; d'un autre côté, « les notables ou marchands, c'est-à-dire ceux qui fai- « saient plus particulièrement le commerce des tapisseries

« et distribuaient entre leurs confrères moins fortunés
« les commandes dont on les chargeait. Des tentures
« portent un chiffre ou signe surmonté d'un **4**. Or, ce **4**,
« c'est un — chiffre de marchand — composé comme le
« disent certains actes d'annoblissement: *d'un quatre con-*
« *tourné, avec traverse croisée et montant accolé de lettres*
« *diverses.* Chaque fois qu'on le rencontre, c'est que la
« tapisserie a été faite pour un marchand ou par un
« tapissier qui faisait aussi le commerce de tentures ».

Il soggetto dell'arazzo è ignoto. Raffaello dipingeva i
cartoni degli arazzi rappresentanti gli *Atti degli Apostoli*,
tessuti dalla manifattura di Brusselle per commissione di
papa Leone X. Verso la metà del secolo XVI i fregi venivano utilizzati per questo arazzo e per altri. In essi sono
raffigurati, su fondo d'oro, le Parche, le Ore, le Stagioni,
e bellissimi ornamenti, come termini, satiri, grottesche,
vasi di fiori e scudi.

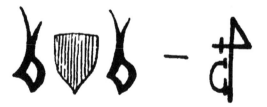

Di ignoto arazziere fiammingo (Cat. n.° 73) e di ignoto
pittore; soggetto e iniziali *ut sopra*.

È la marca dell'arazzo delle feste di *Enrico II e di Caterina de Medici* riprodotto in questo Manuale in pagina fuori testo (Cat. n.° 68).

Altra marca di un altro arazzo delle dette *Feste di Enrico II* (Cat. n.° 74).

Su l'arazzo *Episodi della vita di Cesare* eseguito nella prima metà del secolo XVI da arazziere fiammingo e da pittore italiano ignoti. La marca va unita alle due B e allo scudo delle manifatture di Brusselle (Cat. n.° 88).

TERMINI E RAGGUAGLI TECNICI
DELL'ALTO LICCIO

———

Arcolaio. — Di antica forma, o moderna, serve a svolgere le matasse per preparare i rocchetti e i brocci.

MANIFATTURA ERULO EROLI IN ROMA.

Arazzieri che preparano i rocchetti all'arcolaio.

L'arcolaio dell'arazziere è quello stesso che serve per dipanare le matasse comuni, e serve, anche, a ritorcere i capi di ordito per renderli della necessaria grossezza.

9

Nel primo caso la matassa si avvolge ai rocchetti; nel secondo viene applicato allo stesso arcolaio il fuso necessario per la torcitura dei vari capi d'ordito.

Argano del curlo. — Parte estrema del curlo destinata a fungere da argano mediante due fori incrociati ove vengono infissi dei cavicchi.

Attacco. — Il collegare due fili di broccio per ottenerne solidità senza ricorrere alle cuciture degli stacchi.

Broccio. — Arnese che porta avvolta la trama e che a guisa della spola del tessitore serve a tessere l'arazzo.

Broccio.

Il broccio è, generalmente, di legno di bossolo, della lunghezza di circa 20 centimetri e del diametro di poco più d'un centimetro. La metà della sua lunghezza è più sottile e serve per tenere avvolti i capi di trama; l'altra parte, affusolata, è quella colla quale s'insinua fra gli orditi e che serve, inoltre, per calzare volta a volta fra questi la trama intessuta.

Barra dei licci. — Bastone cilindrico posto in alto orizzontalmente che serve di sostegno ai licci.

La barra pei licci dev'essere preferibilmente di legno di faggio, un pò più lunga di quanto è largo il telaio

ANTICA MANIFATTURA DEI GOBELINS A PARIGI

Una sala di telai ad alto liccio (da un'antica incisione).

per poter, colle due estremità, poggiare sui ganci di sostegno infilati nei cosciali.

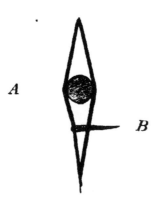

A *Barra degli orditi.*   B *Liccio.*

Il diametro della barra dei licci varia a seconda della sua lunghezza; in media, deve essere non meno di 10 centimetri.

Sono pur dette barre i bastoni per la divisione degli orditi e quelli che reggono gli specchi.

Battere il pettine. — Il battere che si fa col pettine fra l'ordito per rendere compatta la trama.

Curlo. — Ogni telaio ha, orizzontalmente, due curli uno in alto, in basso l'altro, fissi alle estremità dei cosciali. Ad essi fanno capo i fili dell'ordito, e servono per avvolgere e svolgere l'arazzo.

I curli devono essere preferibilmente di legno d'olmo, perchè meno friabile e più compatto e, quindi, più resistente a sopportare i piccoli fori praticati nel canale ove, con piccoli ferri, viene trattenuto il bastone che regge i matassoni.

Le dimensioni dei curli sono relative alla larghezza

del telaio e tali da poter sempre reggere alla grande forza di tensione degli orditi.

Cosciale. — I due sostegni laterali dei curli, perpendicolari, infissi nei relativi zoccoli.

I cosciali si fanno generalmente di legno d'olmo.

Dal lato posteriore hanno i fori nei quali vengono introdotti i ganci di sostegno delle barre dei licci.

Tali fori, praticati a 10 centimetri di distanza l'uno dall'altro, debbono essere, dalla parte esteriore, riquadrati acciocchè i ganci non girino su se stessi, essendo questi, a lor volta, in una parte pur riquadrati.

Cavicchioli. — I cavicchioli sono di ferro e si introducono nei ramponi, in appositi fori, per mantenere la barra dei licci alla distanza voluta per la maggior o minore tensione dei licci.

Cavicchio dell'argano. — Sono due i cavicchi degli argani dei curli e ad essi si attaccano le stroppole delle manovelle.

I cavicchi degli argani devono essere di ferro d'una lunghezza superiore del doppio del diametro del curlo.

Una delle loro estremità è foggiata a mò di chiodo d'un diametro maggiore del doppio di quello del foro dell'argano pel quale deve passare. L'altra estremità è a vite con un dado alla foggia dei cavicchi dei torchi comuni.

Capicciolo. — Fune colla quale si tiene la barra ferma al cosciale per conservare la tensione degli orditi.

Fusione delle tinte. — L'intersecare i colori a guisa di cono, uno dentro l'altro, colle necessarie degradazioni, per ricavare effetti di chiaro scuro colle tinte volute e per ottenere sfumature.

Preparazione dei cartoni per gli arazzi.

Arazziera che riporta i disegni sugli orditi.

Allievi-arazzieri
che riportano i disegni sugli orditi.

Gancio o rampone. — Sostegno della barra dei licci, il quale mediante dei fori praticati nei cosciali, regola l'altezza di essa barra a seconda del procedere del lavoro.

Il rampone della barra dei licci è di ferro, piatto da un lato e rotondo dall'altro, e della grossezza dei fori dei cosciali, con un dado riquadrato nel centro per evitare che giri su se stesso. La parte piatta ha dei buchi per regolare a mezzo dei cavicchioli la distanza voluta della barra dei licci.

Incurlare. — Avvolgere la parte tessuta, e *scurlare*, svolgere gli orditi non ancora tessuti.

Liccio. — (Dal latino *Licium-filo*) funicella che separa i fili dell'orditura per dar passo al braccio.

I *licci* debbono essere di canape ben ritorta e compatta, più o meno grossi, a seconda della grossezza degli orditi.

Licciata. — E' l'assieme delle funicelle che dalla barra dei licci va a tener separati uno dall'altro i fili dell'ordito, a fine di formare l'intersecazione di esso ordito per il passaggio della trama.

Matassone. — E' l'assieme degli orditi, preparati di eguale lunghezza per essere tesi fra i curli.

Manovella. — Manovelle ve ne hanno due in ogni telaio e servono per avvolgere l'ordito a seconda del procedere del lavoro.

Le manovelle si fanno generalmente di legno d'olmo della lunghezza eguale circa a quella che corre fra i due curli.

La loro forma è quasi sempre ovale e riquadrata alla base nella quale va conficcato un cavicchio occorrente per mantenere fissa la corda che deve tener ferma la manovella stessa.

Ordito. — I fili perpendicolari fra i quali s'interseca col broccio la trama dell'arazzo.

Gli orditi variano di numero e di grossezza a seconda delle dimensioni dell'arazzo da intessere.

Anticamente essi erano di lana, rare volte di canape; alla fine del secolo passato si usarono pure di cotone.

Per varie ragioni, ci dice l'Eroli, è preferibile la lana, salvo si tratti di un tessuto di seta, nel quale caso devesi preferibilmente usare pur orditi di seta.

Orditi e trama di lana danno un tessuto compatto, eguale, mentre orditi di canape o di cotone e trama di lana non danno un bel tessuto.

Gli orditi di cotone o canape furono usati per evitare le tignuole, ma rimanevano, però, sempre in pericolo le trame; quindi nella rovina di queste la probabilità di un maggior danno.

V'è, poi, che tessuti con orditi di cotone o canape e trama di lana riescono meno resistenti, mentre risultano più pesanti.

E v'è, ancora, che se la lana costa dippiù, pesa assai meno del cotone, il quale, in ragione del suo maggior peso, viene a costare al par della lana.

Pettine. — È l'arnese, fatto a mò di pettine, che serve per battere e rendere compatta la trama.

Il pettine, come il braccio, è, generalmente, di bossolo, con denti più o meno distanti fra loro a seconda degli orditi.

MANIFATTURA DI S. MICHELE IN ROMA.

Tavolo dei brocci.

Arazziere al lavoro.

Arazzieri al lavoro.

Pettine.

Passata e mezza passata. — Il va (*mezza passata*) e torna (completamento della *passata*) del broccio fra gli orditi.

Rocchetto. — Vi sono rocchetti grandi e piccoli. Ai grandi si avvolge *l'ordito* per comporre le matasse, che servono a montare il telaio; ai piccoli viene avvolta la *trama* per facilitare la scelta dei colori e le combinazioni delle tinte per la preparazione dei brocci.

Stroppola. — Corda che serve a collegare le manovelle ai curli per poter, facendo leva con la manovella, ottenere la necessaria tensione dell'ordito. In ogni telaio occorrono, almeno, due troppole.

Le stroppole debbono essere molto resistenti, legate solidamente a guisa di anello, come usano fare i marinai *impiombando* le funi di bordo.

Stacco. — Allorquando l'arazziere vuol ottenere nel proprio lavoro un effetto preciso e netto tralascia di passare tutti gli orditi e retrocede col broccio sulla stessa passata formando, così, nel tessuto uno *stacco* ben marcato che viene, poi, congiunto dall'arazziere stesso mediante cuciture.

Treccia. — Catenella di spago tesa in alto, parallela al curlo superiore, per tenere divisi e paralleli perpendicolarmente i fili dell'ordito.

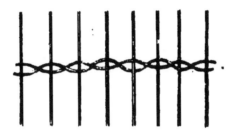

Treccia.

Tacchia. — Pezzo d'asse rettangolare assottigliato da una parte, che serve per riportare sugli orditi, con della tinta, per lo più dell'inchiostro, i contorni dei modelli da tessere.

Telaio. — Si compone dei cosciali laterali, dei curli, uno in alto e l'altro in basso e delle barre dei licci; il tutto disposto come appare alla vignetta relativa.

Trama. — Il filo che intersecandosi coll'ordito, a mezzo del broccio, attorno al quale va prima avvolto, intesse il disegno dell'arazzo.

Zeppa. — Pezzo d'asse, più o meno spesso, che si introduce fra il curlo e la manovella, dentro la stroppola, per ottenere la tensione voluta degli orditi, evitando con ciò la trasposizione della stroppola sui cavicchi dei curli.

COME SI MONTA UN TELAIO
AD ALTO LICCIO

———

Preparato l'ordito all'arcolaio, secondo il numero di fili occorrenti per la grossezza che vuolsi dare all'arazzo, si tendono, fra i cosciali, i fili dei grandi rocchetti. Questi fili sono detti *matassoni*

Fatti i matassoni, come per i tessuti comuni e della lunghezza voluta per l'arazzo, si tendono e si dividono i fili dell'ordito fra due bastoni, che andranno nelle scanalature dei curli e che, intanto, vengono tenuti a mano.

Disposto l'ordito si fissano i bastoni nelle loro scanellature dei curli, assicurandoveli con dei traversini di ferro, infissi in propri fori.

Ciò fatto l'ordito vien teso, girando, a mezzo della manovella, il curlo superiore.

Segue la *licciata*, ossia si fa la treccia di spago che con le sue anella divide alternamente i fili dell'ordito.

Apposite traversine saranno poste per mantenere giusta ed eguale distanza fra la barra dei licci e la canna che tiene separato l'ordito.

Con un broccio, quindi, d'ordito grosso si aprono dei passi per cinque o sei volte avanti e indietro e si sta-

Telaio ad alto liccio

TELAIO AD ALTO LICCIO.

1 - I   Cosciali.
2 - II   Curlo inferiore.
3   Specchio.
C - D   Tessuto.
4 - IV   Barra dei licci.
A - B   Barra degli orditi.
5   Stroppola della manovella.
6   Manovella.
7 - VII   Barra degli specchi.
8   Stroppola del curlo.
9 - IX   Curlo inferiore.
10 - X   Architrave del telaio.
11   Sostegni della barra degli specchi.

biliscono le giuste distanze che, a seconda del lavoro, i fili dell'ordito debbono avere.

Costruito, infine, il ponte, si principia a tessere la cimosa o *massello* di *cimosa;* e la tessitura si fa come nei tessuti comuni, colla differenza che alla spola viene sostituito il broccio, il quale si presta meglio ad eseguire la difficile trama per interpretare il disegno e il colore delle composizioni pittoriche.

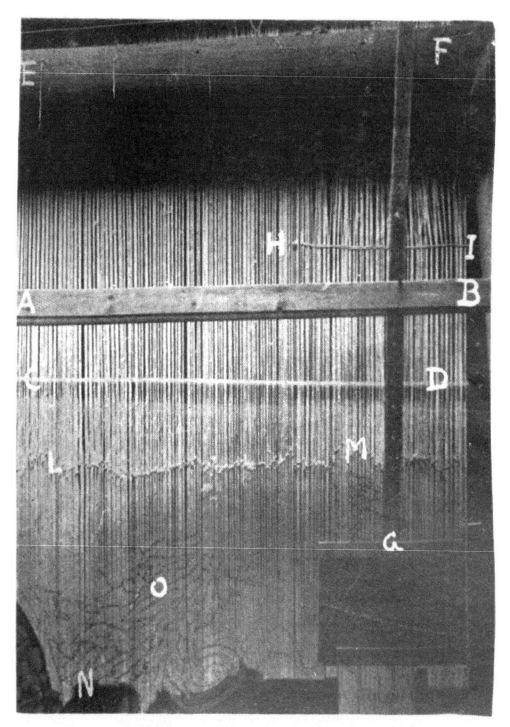

Telaio d'alto liccio (particolare).

E - F Curlo superiore.   L-M Licci avvolgenti gli orditi.
H - I Treccia.   O   Disegno sull'ordito.
A - B Barra degli specchi.   G   Specchio.
C - D   »   degli orditi.   N   Tessuto.

Pl. 15

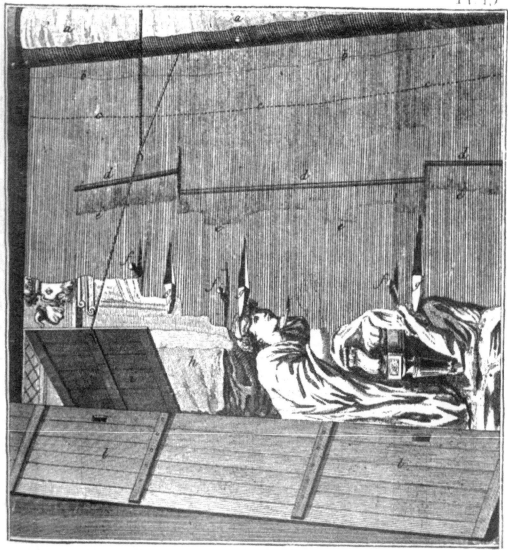

Antico telaio dei Gobelins (da un'antica incisione).

aa	Copertura del curlo superiore.	*ff*	Brocci.
bb	Prima treccia.	*gg*	Pettine.
cc	Seconda »	*h*	Tessuto
dd	Barre degli orditi spezzate.	*i*	Specchio in azione.
ee	Licci veduti di fronte.	*ll*	Tavolo di appoggio.

Telaio e arazzo in lavorazione.

COME S'INTESSE L'ARAZZO

L'ambiente d'una arazzeria è quale certo non si immaginerebbe, ripensando ad altre officine.

Ove lavora l'arazziere non s'ode rumor di telai, di spole o di altri ordigni; nella sua officina tutto è quiete e ordine, perchè egli ha bisogno di non esser distratto, nè frastornato da rumore alcuno.

Le pareti d'una scuola d'arazzieri sono, come quelle d'una pinacoteca, sempre adorne di cartoni o di bei quadri dai vivaci colori, che formarono o formano soggetto di lunghi anni di lavoro.

L'arazziere non crea, come il pittore, l'opera sua d'arte, ma la riporta da un modello, che il pittore ha ideato.

Ampie tavole, sulle quali dispone in bell'ordine i brocci, sono la sua tavolozza; i brocci sono i suoi pennelli.

I colori sono formati da un numero indefinito di fili di trama in lana, in seta, oro o argento. Ogni broccio è ad uno o più capi di trama; e l'arazziere andrà man mano svolgendo i suoi brocci, come la spola nei tessuti comuni, col procedere del lavoro.

Per facilitare la colorazione e renderla stabile e per meglio interpretare le composizioni originali si usano, soventi, unire in un sol broccio più capi di trama di differente colore, ma della stessa tonalità, affinchè dall'assieme dei colori misti risulti maggior finezza e precisione di toni, evitando, così, tinte molteplici che, a volte, mal resistono alla luce e al tempo.

Quanto la tinta è più rotta, tanto più artistica e simpatica risulta, e meglio si presta alla precisa imitazione dei quadri che devonsi riprodurre in arazzo.

S'intende che lavorando coi misti è necessario porre attenzione a che le trame abbiano tutte un medesimo valore. Ove una d'esse fosse più chiara o più scura delle altre, il lavoro riescirebbe disgustoso e produrrebbe un zigrinato, che, coll'andare del tempo, aumenterebbe così da produrre una vera e propria macchia.

A questo proposito occorre, però, ricordare che gli antichi arazzieri dell'epoche migliori ottenevano la più rara perfezione di lavoro non usando che tre colori, o poco più, rispondenti, meglio che a toni differenti, al chiaro scuro dei cartoni originali.

Tornando a parlare dei brocci, noteremo come il numero che ne occorre ad un arazziere non può essere determinato a priori, imperciocchè varia a seconda dei colori e toni e delle più vaghe sfumature del quadro che l'arazziere deve riprodurre in difficile, lentissima trama. Più tinte e più gradazioni di colore occorreranno per riprodurre l'originale, più brocci dovranno essere messi in opera; accade, perciò, che per pochi centimetri di trama occorrono, a volte, centinaia di brocci,

Arazziera al telaio.

Allievo-arazziere al telaio.

Riporto del disegno (da un'antica incisione).

g Legatura dei licci.
b Disegno riportato.
a Orditi.
c Asta per riportare il disegno.
d Brocci.
e Tessuto.

che l'arazziere deve preparare con occhio e sapienza di vero artista.

Altra difficoltà nel tessere l'arazzo si è che l'arazziere lavora, non stando davanti al telaio, ma dietro, al rovescio della propria opera, che egli segue guardandola in uno specchio, postogli sempre innanzi. E v'è, ancora, che la trama dell'arazzo si tesse, sull'ordito, dal basso in alto in posizione orizzontale, tenendo pure in tal posizione il quadro originale alle spalle.

Anticamenle, peró, prima dell'uso dello specchio l'arazziere svolgeva la sua trama stando innanzi alla propria opera, innanzi e ritto tenendo l'originale da riportare nel tessuto.

Il disegno che vuolsi tradurre in trama vien riportato sull'orditura con sistemi vari, dei quali il più usitato fu *ab antiquo* ed è tuttora il seguente: si riportano i contorni della composizione originale su d'un cartone; questo, poi, va posto dietro l'ordito a contatto dei fili e mantenuto in tale positura, con apposite tavole, sempre e perfettamente aderente al posto voluto.

Ciò fatto, l'arazziere, a mezzo della tacchia intinta, riporta i contorni della composizione sull'ordito, facendone girare i fili colle dita affinchè il disegno venga riportato perfettamente su tutta la circonferenza di essi fili e sia così ben visibile dai due lati, anteriore e posteriore.

Altri mezzi per riportare gli originali sugli orditi, facilitando molto il lavoro, li hanno forniti le carte e le tele lucide trasparenti.

Qualche volta, per la correzione di disegni, o per delucidazione di dettagli non ben evidenti, o per varia-

12

zioni, s'usa un vetro, che rende più chiari i contorni. Il maestro arazziere, per farsi valente nell'arte sua e per eseguire opera perfetta, deve, adunque, possedere e abilità non comune e la pazienza d'un Giobbe.

E però ci vien fatto di rilevare come l'arte dell'arazzo meglio si confarebbe a donne, che non all'uomo.

In tempi remoti, all'origine dell'alto liccio e per molti secoli di poi, erano, appunto, le donne che esercitavano la bell'arte. Oltre al vaso che ricorda Penelope, noi abbiamo un'antica miniatura del Museo di Praga ove è raffigurata la *Vergine e le sue compagne,* una delle quali intese ad alto liccio.

A Londra, nel *British Museum,* ammirasi un'altra antichissima miniatura, in cui è pur raffigurata una donna che tesse ad alto liccio.

Alle dame Ferraresi e Mantovane delle prime epoche dell'arazzo il broccio era famigliare, al par dell'uncino da ricamo, al par del tombolo dei merletti.

A S. Michele in Roma, come in Francia, l'arte è ancora affidata esclusivamente ad arazzieri; ma alla scuola del Prof. Erulo Eroli di Roma, la quale gode di bella fama ed eseguì eccellenti lavori, quali gli arazzi pel Comune di Roma, non vi sono che arazziere; ed il Prof. Eroli ci dichiara di essere, della mano d'opera femminile, altamente soddisfatto.

Uno dei citati arazzi eseguiti dall'Eroli pel Comune di Roma fu già esposto alla recente *Mostra d'arte decorativa* di Milano, andata fatalmente distrutta nell'incendio del 3 agosto; quell'arazzo, intessuto da gentili e pazienti mani femminili, fu ammiratissimo e giudicato lavoro perfetto.

La Vergine e le sue compagne.

Rileveremo, ancora, come da poco sia invalso, a certe scuole, l'uso o meglio la pretesa di voler, nella trama dell'arazzo, imitare fedelmente la pittura, togliendo, cosi, all'arte tutto il suo carattere, che deve essere specialmente decorativo.

L'arazziere, salvo in epoche di decadenza e di cattivo gusto, non ebbe mai simile pretesa; anzi, non si attenne mai al colore dei cartoni, ma gli originali, che gli venivano presentati, traduceva e trasponeva; sempre, in altri toni, secondo determinate consuetudini d'arte, rispettate *ab antiquo.* « *C'est méconnaître la loi de son art,* scrive il Müntz, domandare all'arazziere *de copier servilement un tableau ou une fresque* ».

V'è, poi, da ricordare che i grandi maestri non sempre colorivano i cartoni, ma limitavansi, soventi, a tracciare le linee delle loro composizioni; il coloritore, il pittore, diciamo cosi, era l'arazziere, cui era lasciato la più ampia libertà.

Valga, al proposito, il ricordo delle contese insorte alla Scuola di Gobelins tra Oudry e gli arazzieri del tempo.

L'antico Direttore delle reali manifatture potè imporsi; **ma** il tempo diede ragione agli arazzieri.

Toni troppo fini e delicati, con effetti di chiaro scuro, non reggono al tempo, nè alla luce e l'arazzo che pretenda sostituirsi alla pittura, oltre al tradire i propri fini, rappresenta tale opera ardua, lunga e, quindi, immensamente costosa, cosi da avere in sè ragione ineluttabile di morte, oggi, specialmente, che macchine ed ogni civile progresso imperano sovrani.

Inoltre, l'arazzo, che generalmente va sospeso su pareti in alto, vuole magnificenza di scene, grandiosità di linee e non analisi minuta di dettagli.

Infatti, le stesse grandi opere di Raffaello, nelle quali il quadro non è formato che da poche figure, ed altre opere simili di sommi maestri, ci appaiono di meschino effetto, mentre fatti d'armi dalle linee grandiose, tutti popolati di figure, scene magnifiche ricche di decorazioni, di paludamenti, di motivi architettonici, piene di movimento, risultano di effetto mirabile sorprendente; son queste le grandi, vere opere rispondenti ad una decorazione ricca ed imponente qual'è e dev'essere nei fini della bella e nobile arte dell'arazzo.

Chiuderemo i brevi cenni sul modo d'intessere l'arazzo dando qualche particolare ragguaglio sul costo della difficile e preziosa manifattura, sul rammendo e sulle tinte d'arazzo.

Il rammendo d'arte, ossia fatto in modo perfetto e che segua la manifattura particolare dell'alto liccio, deve essere eseguito su telaio da ricamo, usando l'ago, invece del broccio.

, E la trama si rifà passando l'ago attraverso gli orditi alla guisa stessa del broccio. E ove gli orditi manchino, occorre tenderli un'altra volta, come *ex novo*.

Riguardo al costo della manifattura dell'arazzo lo si può rilevare dalle considerazioni seguenti.

Un abile arazziere non produce più di 4 o 5 centimetri quadrati di tessuto per giorno, ossia poco più di un metro quadrato in un anno di 300 giorni di lavoro.

Or, calcolando la mercede giornaliera media dell'arazziere di lire cinque, si ha un costo di pura mano d'opera in lire 1500 a metro quadrato.

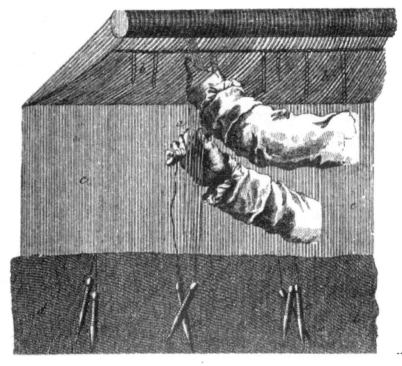

Passaggio del broccio fra gli orditi senza i licci

b Licci.
c Orditi.
d Tessuto.
e Brocci.
a Mano col broccio.

Aggiungasi il prezzo dei cartoni, delle trame e le spese generali e risulterà che ogni metro quadrato di arazzo rappresenta un valore di circa lire 2000.

A riguardo delle tinte per le trame noi non possiamo che dir poche parole.

Gli antichi non usavano che tinte vegetali a preferenza il rosso di robbia, il giallo legno e l'indaco.

Ed ogni arazzeria provvedeva alla tintura delle proprie trame, evitando sempre le mezze tinte, come quelle che non reggono a lungo.

Oggidì i progressi scientifici ci porgono infiniti mezzi di colorazione; ma gli arazzieri si attengono ancora ai vecchi processi perchè di provata sicura riuscita.

Passaggio del broccio fra gli orditi tenuti dai licci e come col broccio si batte la trama

a   Mano col broccio.
c   Barra dei licci.
d   Barra deg'i orditi.
e   Licci
f   Orditi.
g   Tessuto.
h   Brocci.

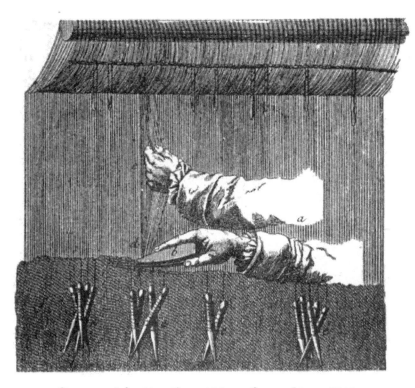

Come si batte il pettine fra gli orditi.

c Orditi.
b Pettine.
f Tessuto.
e Brocci.

Come si adopera l'ago per gli attacchi.

Fig. 1 Cucitura.
    » 2 Pinza.
    » 3 Aghi.

Come si adopera la pinza.

b   Pinza.
d   Aste degli orditi.
c   Orditi.
f   Tavolo di appoggio.
e   Tessuto.

Arazziera al telaio di rammendo.

BIBLIOGRAFIA DELL'ARAZZO

(Opere consultate)

About E. et Bauer F. *Tapisseries du XVIIe siècle exé-cutées d'après les cartons de Raphaël par Jean Raës de Bruxelles.* Paris, 1875.

Barbier de Montault. *Inventaire descriptif des tapisse-ries de haute lisse conservées à Rome.* Arras, 1879.

Beltrami L. *La Battaglia di Pavia illustrata negli arazzi del Marchese del Vasto, ecc.* Milano, 1896.

Blanc. C. *Catalogue de la collection de S. A. le duc de Berwick d'Albe.*

Boyer de Sainte-Suzanne. *Notes d'un curieux sur les tapisseries tissées au basse lisse.* Monaco, 1876.

Id. *Les tapisseries françaises. Notes d'un curieux.* Paris, 1879, pet. in-4.

Id. *Notes d'un curieux : l'Atelier de Beauvais.* Monaco, 1876.

Id. *L'atelier de tapisseries de Beauvais.* Monaco, 1876, in-8 (tiré à 75 ex.).

Bottrigari E. *Delle antiche tappezzerie che erano in Bologna, ecc.; Atti e Memorie della R. D. di Storia P. per le provincie di Romagna.* Vol 1, luglio-agosto 1883.

Bousson E. *La manufacture nationale de tapisserie de Beauvais. Son fonctionnement actuel et son rôle artistique.* Beauvais, 1902 et 1905 (2ᵉ ed.), in-8, 22 p. 3 planches.

Braghirolli G. *Sulle manifatture degli arazzi in Mantova.* Mantova, 1879.

Campori G. *L'Arazzeria estense.* Modena, 1876.

Casati. *Notice sur le Musée du château de Rosenborg en Danemark.* Paris, 1879, in-8, avec 12 pl., tiré à 300 exemplaires.

Catalano L. *I palazzi di Napoli.* Napoli 1845.

Celano C. *Notizie del bello, dell'antico e del curioso della città di Napoli.* Napoli.

Chevreul. *Des arts qui parlent aux yeux au moyen des solides colorés d'une étendre sensible et en particulier des arts du tapissier des Gobelins et du tapissier de la Savonnerie.* Paris, 1867.

Chocqueel W. *Essai sur l'histoire et la situation actuelle de l'industrie des tapisseries et tapis.* Paris, 1863.

Cloez L. *Rapport sur les progrès réalisés dans la fabrication des tapisseries et tapis des manufactures des Gobelins et de Beauvais.* Paris.

Comte M. J. *La tapisserie de Bayeux reproduction d'après nature, en 79 planches phototypographiques avec texte historique descriptif antique.* Paris, 1879, in-4.

Conti. *Ricerche storiche sull'arte degli arazzi in Firenze.* Firenze, 1875.

Cruzada Villaamil D. G. *Los tapices de Goya.* Madrid, 1870.

Curmer A. *Notice sur Jacques Neilson, entrepreneur et directeur des teintures de la manufacture royale des tapisseries des Gobelins au XVIIIe siècle.* Paris, 1878, in-8, tiré à 125 exemplaires.

Darcel A. *Notice historique sur les manufactures nationales de tapisseries des Gobelins et de la Savonnerie. Catalogue des tapisseries exposées et de celles qui ont été brûlées dans l'incendie du 25 mai 1871.* Paris, 1872, in-8.

Id. *Les manufactures nationales de tapisseries des Gobelins,* Paris, 1885.

Id. *Manufacture nationale des Gobelins. Catalogue des tapisseries exposées dans les galeries le 15 juin 18-8* Paris, in-12, 1878, 1881-83-84-85.

Darcel et Guichard. *Les tapisseries décoratives du Garde-Meuble (mobilier national)*. 2 vol., in fol. Paris, 1881.

Darcel et Guiffrey *Histoire et description de la manufacture des Gobelins*. Paris, 1895, gr. in-8.

Id. *Documents relatifs à la fabrication. des tapis de Turquie en France au XVIIe siècle*, 1882.

D'Astier. *La fabrique royale des tapisseries de la Ville de Naples*, (1738-1799). Paris, 1906.

De Casteele D. (Van). *Document concernant la corporation des tapissiers... à* Alost. Bruges, 1873.

De Farcy. *Notices archéologiques sur les tentures et les tapisseries de la cathédrale d'Angers*. Angers, 1875.

De Graft J. (Van). *De tapijt fabrieken der XVI en XVII eeuw*, Middelbourg, 1869.

Deiller. *Une manufacture de tapisseries de haute lisse à Gisors sous le règne de Louis XIV*. Paris, 1876.

Denuelle. *Rapport au nom de la Commission de la manufacture nationale des Gobelins*. Paris, 1877.

Deshaisnes. *La tapisserie de haute lisse à Arras avant le XVe siècle, d'après des documents inédits*. Paris, 1879.

Deville J. *Recueil de statuts et de documents relatifs à la corporation des tapissiers de 1258 à 1875.* Paris, 1875.

Di Giacomo S. *I sette arazzi della battaglia di Pavia* - EMPORIUM. Bergamo, n. 34.

Dubos. *Notice historique sur la manufacture royale des tapisseries de Beauvais.* Beauvais, 1834, in-8.

Dupont Auberville. *L'ornement des tissus. Recueil historique et pratique.* 100 planches en couleurs. Paris, :877.

Durieux A. *Tapisseries de Cambrai.* Cambrai, 1879.

Fenaille M. *Etat général des tapisseries de la manufacture des Gobelins depuis son origine jusqu'à nos jours (1600-1900).* Paris, 1903 et années suivantes, 5 vol. in-fol. avec 300 héliogravures hors texte et nombreuses planches dans le texte.

Gentili P. *Sur l'art des tapis. Détails historiques.* Roma, 1878.

Id. *Sulla manifattura degli arazzi.* Roma, 1874.

Gerspach. *La manufacture des Gobelins.* Paris, 1892, in-8, planches.

Id. *Répertoire détaillé des tapisseries des Gobelins exécutées dès 1662 à 1892. Histoire, commentaires, marques* Paris, 1893, in-8.

Gorse A. *Etude sur les tapisseries du château de Pau.* Pau, 1881.

Guiffrey J. *Note sur une tapisserie représentant Godefroy de Bouillon et sur les représentation des Preux et Preuses au XVe siècle,* Paris, 1880.

Id. *Nicolas Bataille tapissier parisien duXIVe siècle, etc.* Paris, 1877.

Id. *La tapisserie dans la Bibliothèque des bibliographies critiques.* Paris, 1904, in-8, aux articles Gobelins et Beauvais, n. 137-303.

Id. *Les Gobelins et Beauvais.* 90 grav. Paris, 1907.

Guiffrey, Müntz et Pinchart. *Histoire générale de la tapisserie. Illustrations executées sous la direction de L. Vidal.* Parigi, 1878-85, 100 livr. in folio, 100 planches en phototypie.

Guignard. *Mémoires fournis aux peintres chargés d'exécuter les cartons d'une tapisserie.* Troyes, 1851.

Guillaumot C. A. *Notice sur l'origine et les travaux de la manufacture impériale des Gobelins, suivie du catalogue des tapisseries qui décorent l'appartement et la galerie de l'Exposition.* Paris, an VIII et au XII, in-8.

Id. *Notice sur l'origine et les travaux de la manu-facture royale des tapisseries des Gobelins et des tapis de la Savonnerie. Catalogue des tapisseries et des tapis exposés.* Paris, in-18, éditions diverses en 1838, 1844, 1846 et 1847.

Havard H. et Vachon M. *Les manufactures nationales: Gobelins, Sèvres et Beauvais.* Parigi, 1888, in-4, avec gravures et pl.

Id. *Les manufactures nationales: les Gobelins, la Sa-vonnerie, Sèvres, Beauvais.* P.-G. Decaux, 1889, gr. in-8, planches.

Houdoy. *Les Tapisseries de haute lisse. Histoire de la fabrication lilloise du XIVe au XVIIIe siècle.* Lille, Parigi, 1871, in-8.

Id. *Tapisseries représentant la conqueste du Royaume de Thunes par l'empereur Charles V.* Lille, 1873.

Jubinal. *Recherches sur l'usage et l'origine des tapisseries à figures dites historiées depuis l'antiquité jusqu'au XVIe siècle inclusivement,* Paris, 1840.

Labarte J. *Histoire des arts industriels au moyen-âge et à l'époque de la renaissance.* 2 éd., 3 vol., in-4. Avec planches. Paris, 1872-75.

Id. *Inventaire du mobilier de Charles V, roi de France.* Paris, 1879, in-4, avec planches.

Lacordaire A. *Notice sur l'origine et les travaux des manufactures de tapisseries et des tapis réunies aux Gobelins et catalogue des tapisseries qui y sont exposées.* Paris, in-8, 1852, 1853, 1855 (et six autres éditions jusqu'en 1869).

Id. *Notice historique sur les manufactures impériales des tapisseries des Gobelins et de tapis de la Savonnerie.* 4 éd. Paris, 1859.

Lenoir F. *Traité théorique et pratique du tapissier, principes de la décoration.* Paris, 1886.

Lespinasse et Bonnardot. *Le Livre des métiers d'Etienne Boileau.* Paris, 1879, in-4, avec 7 planches fac-simile.

Lessing. *Modèles de tapis orientaux d'après des documents authentiques et les principaux tableaux des XVe et XVIe siècle,* 1879. Paris, 1879, in-4, avec 30 pl. au chromo.

Loriquet. *Tapisseries de Notre-Dame de Reims.* Reims, 1876.

Id. *Tapisseries de la Cathédrale de Reims.* Paris, Reims, 1882.

Meneghelli. *Sopra un arazzo antico;* lettera a Jacopo Cabianca, Padova, 1843.

Michel M. F. *Recherches sur le commerce, la fabrication et l'usage des étoffes de soie, d'or et d'argent, etc.* 2 vol., in-4. Paris, 1852-54.

Minieri-Riccio C. *La Real fabbrica degli arazzi nella città di Napoli,* dal 1738 al 1799. Napoli 1879.

Morelli M. *Gli arazzi illustranti la Battaglia di Pavia.* Estratto dal vol. XXI degli Atti dell'Accademia di Archeologia, L. e B. A. di Napoli.

Moschetti A. *Il Museo Civico di Padova,* Padova, 1903, in-4.

Müntz E. *Les tapisseries de Raphael au Vatican et dans les principaux musées de l'Europe.* Avec 9 eaux-fortes et 125 grav., in fol. Paris, 1896.

Id. *Fabriques de tapisseries de Nancy.*

Id. *La tapisserie.* Parigi, 1882, in-8, avec gravures.

Id. *Tapisseries, broderies et dentelles. Recueil de modèles anciens et modernes, etc.* Parigi, 1890, in-4, avec 150 gr.

Pérathon. *Notice sur les manufactures de tapisseries d'Aubusson, de Felletin et de Bellegarde.* Limoges, 1862.

Rahlenbeck. *Les tapisseries des rois de Navarre.* Gand, 1868.

Rock *South-Kensington Museum. Textile fabrics,* Londra, 1870.

Romanelli Ab. Domenico. *Napoli antica e moderna.* Napoli 1815.

Romussi C. *Gli arazzi del Duomo.* VARIETAS, Milano, marzo, 1906.

Soil. *Tapisseries du XVe siècle, conservées à la Cathédrale de Tournai,* 1883.

Turgan. *Les grandes usines de France: Les Gobelins,* in-8, 1860, planches. Nouvelle édition en 1897 sous le titre: *La manufacture nationale des Gobelins.*

Urbani de Gheltof. *Degli arazzi in Venezia.* Venezia, 1878.

Wauters et Keuller A. *Les tapisseries historiées à l'Exposition Nationale Belge, de 1886. Ouvrage dedié à S. M. Leopold II roi des Belges, etc.* Bruxelles, 1885, in folio, avec planches colories.

Wauters A. *Bernard Van Orley, sa famille et son œuvre.* Bruxelles 1881.

Id. *Les tapisseries Bruxelloises; essai historique sur les tapisseries et les tapissiers de haute et de basse lice de Bruxelles.* Bruxelles, 1878, in-8, avec 3 pl.

Les tapisseries de Liège à Madrid. Notes sur l'Apocalypse d'Albert Dürer ou de Robert van der Weyden. Lièges, 1876.

Descripcion del los tapices de Rubens que se colocan en el claustro del Monastero de las señoras religiosas descalzas reales. Madrid, 1881.

Tapisseries du XVe siècle conservées à la cathédrale de Tournay. Tournay, 1883

Catalogo della R. Galleria degli arazzi in Firenze. Roma-Firenze, 1884.

Catalogo del Museo Artistico Poldi Pezzoli, Milano, 1905.

Il Duomo di Milano all'Esposizione Internazionale del 1906. Catalogo, Milano, 1906.

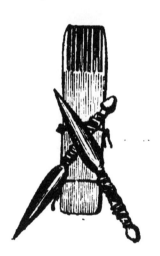

INDICE

DEI PRINCIPALI CENTRI DI PRODUZIONE

INDICE

DEI PITTORI CITATI

INDICE

DEGLI ARAZZIERI CITATI

———

INDICE

DEI CAPITOLI

INDICE

DELLE ILLUSTRAZIONI

Otto tavole fuori testo.
Due tricromie in copertina.

Manuali 900 Hoepli

Pubblicati al 1º Aprile 1907.

AVVERTENZA

Tutti i **Manuali Hoepli** *sono elegantemente legati in tela e si spediscono* **franco di porto** *nel Regno. — Chi desidera ricevere i volumi raccomandati onde evitare lo smarrimento, è pregato di aggiungere la sopratassa di raccomandazione.*

Al Librai sconto D — spese di porto a loro carico.

☞ **I libri non raccomandati, viaggiano a rischio e pericolo del committente.** ☜

ELENCO COMPLETO DEI MANUALI HOEPLI

Disposti in ordine alfabetico per materia.

L. c.

Alchimia — *vedi* Occultismo.

Alcool (Fabbricazione e materie prime), di F. CANTA-
MESSA, di pag. XII-307, con 24 incisioni . . . . . 3 —

Alcool Industriale, di G. CIAPETTI. Produzione dell'alcole industriale, applicazione dell' alcole denaturato
alla fabbricazione dell'aceto e delle vinacce, alla produzione della forza motrice, al riscaldamento, ecc.,
con 105 illustraz., di pag. XII-262 . . . . 3 —
— *vedi* Birra - Cantiniere - Cognac - Distillazione - Enologia
- Liquorista - Mosti - Vino.

Alcoolismo (L') di G. ALLIEVI, di pag. XI-221 . . . 2 —

Algebra complementare, del Prof. S. PINCHERLE:
    Parte I. *Analisi Algebrica*, 2ª ediz. di p. VIII-174 . 1 50
    Parte II. *Teoria delle equazioni*, pag. IV-169, 4 inc. 1 50

Algebra elementare, del Prof. S. PINCHERLE, 9ª ediz.
riveduta di pag. VIII-210 e 2 incisioni nel testo . . 1 50
— **(Eserclzi di)**, del Prof. S. PINCHERLE, di pag. VIII-135. 1 50

Alighieri Dante — *vedi* Dantologia - Divina commedia.

Alimentazione, di G. STRAFFORELLO, di pag. VIII-122 . 2 —

Alimentazione del bestiame, dei Proff. MENOZZI e NIC-
COLI, di pag. XVI-400 con molte tabelle . . . . . 4 —

Alimenti — *vedi* Adulterazione degli - Aromatici - Conserv.
sostanze aliment. - Bromatologia - Gastronomo - Pane.

Allattamento — *vedi* Nutrizione del bambino.

Alligazione (Tavole di) **per l'oro e per l'argento** con
esempi pratici per il loro uso, F. BUTTARI, p. XII-220 2 50
— *vedi* Leghe — Metalli preziosi.

Alluminio (L'), di C. Formenti di pag. XXVIII-324 . . 3 50

Aloe — *vedi* Prodotti agricoli.

Alpi (Le), di J. BALL, trad. di I. CREMONA, pag. VI-120 . 1 50

Alpinismo, di G. BROCHEREL, di pag. VIII-312 . . . 3 —
— *vedi* Dizionario alpino — Infortuni — Prealpi.

Amalgame — *vedi* Alligazione — Leghe metalliche.

Amatore (L') **di oggetti d'arte e di curiosità**, di L. DE
MAURI, (Pittura - Incisione - Scoltura in avorio - Piccola scoltura - Mobili - Vetri - Smalti - Ven:gli -
Tabacchiere - Orologi - Vasellame di stagno - Armi
ed armature - Dizionario complementare). 2ª ediz. aumentata e corretta, di pag. XV-720, con 100 tavole e
270 incisioni nel testo 10 50

Amianto — *vedi* Imitazioni

Amido — *vedi* Fecola.

Ampelografia descrizione delle migliori varietà di viti
per uve da vino. uve da tavola, porta-innesti e pro-
duttori diretti, di G. MOLON, 2 volumi inseparabili,
di pag. XLIV-1243 in busta. . . . . 18 —
— *vedi* Viticoltura.

Anagrammi — *vedi* Enimmistica.

Analisi chimica qualitativa di sostanze minerali e or-
ganiche e ricerche tossicologiche, ad uso dei laboratori di chimica in genere e in particolare delle Scuole

L. c

di Farmacia, di P. E. ALESSANDRI, 2ª ediz. di pag.
xii-384, con 14 inc. e 5 tav. . . . . 5 —

Analisi di sostanze alimentari — *vedi* Bromatologia - Chimica
applicata all'Igiene.

Analisi delle Orine di F. JORIO (vedi Urina).
— *vedi* Chimica clinica.

Analisi del vino, ad uso dei chimici e dei legali, di M.
BARTH, traduz. di E. COMBONI, 2ª ediz. di p. xvi-140 2 —

Analisi volumetrica applicata ai prodotti commerciali e industriali di P. E. ALESSANDRI di pag. x-542, con incis. 4 50

Ananas — *vedi* Prodotti agricoli.

Anatomia e fisiologia comparate, di R. BESTA, 2ª ediz.
riveduta di pag. vii-229 con 59 inc. 1 50

Anatomia microscopica (Tecnica di), di D. CARAZZI, di
pag. xi-211, con 5 inc. 1 50

Anatomia pittorica (Man. di), di A. LOMBARDINI, 3ª ed.
per cura di V. LOMBARDINI, di pag. xii-195 con 56 inc. 2 —

Anatomia topografica, di C. FALCONE. 2ª ediz. rifatta
di pag. xi-625, con 48 inc. 6 50

Anatomia vegetale, di A. TOGNINI, pag. xvi-274, 41 inc. 3 —

Animali da cortile. Polli, faraone, tacchini, fagiani,
anitre, oche, cigni, colombi, tortore, conigli, cavie,
furetto, di F. FAELLI, di pag. xviii-372 con 56 inc.
e 19 tav. color. 5 50

Animali domestici — *vedi* Abitazioni degli — Cane — Cavallo
— Maiale — Razze bovine, ecc.

Animali (Gli) **parassiti dell'uomo,** di F. MERCANTI, di
pag. iv-179 con 33 inc. 1 50

Antichità greche, pubbliche, sacre e private di V. INAMA
di pag. xv-224, con 19 tavole e 8 incisioni 2 50

Antichità private dei romani, di N. MORESCHI, 3ª ed.
rifatta del Manuale di W. KOPP, pag. xvi-181, 7 inc. 1 50

Antichità pubbliche romane, di J. G. HUBERT, rifaci-
mento delle antichità romane pubbliche, sacre e mili-
tari di W. KOPP, trad. di A. WITTGENS, di pag. xiv-324 3 —

Antisettici — *vedi* Medicatura antisettica.

Antologia stenografica, di E. MOLINA (sistema Gabelsberger-Noe), di pag. xi-199 . . . . 2 —

Antropologia, di G. CANESTRINI, 3ª ediz., di pag. vi-239
con 21 inc. 1 50

Antropologia criminale (I principi fondamentali della)
Guida per i giudizi medico-forensi nelle quistioni di
imputabilità di G. ANTONINI, di pag. viii-167 . . . 2 —
— *vedi* Psichiatria.

Antropometria, di R. LIVI, di pag. viii-237 con 32 inc. 2 50

Apicoltura, di G. CANESTRINI, 5ª ed. riveduta di pag.
iv-215 con 21 inc. . . . . 2 —

Arabo parlato (L') in Egitto, grammatica, frasi, dialoghi e raccolta di oltre 6000 vocaboli di A. NALLINO,
pag. xxviii-386 . . . . 4 —

L. c.

Araldica (Grammatica), ad uso degli italiani, compilata
da F. TRIBOLATI, 4ª edizione con introduzione ed
agg. di G. CROLLALANZA, pag. XI-187, con 274 inc. 2 50
— *vedi* Vocabolario araldico.

Araldica Zootecnica di E. CANEVAZZI. I libri geologici
degli animali domestici, Stud - Herd - Flock - Books.
1904, di pag. XIX-322, con 43 inc. 3 50

an ci — *vedi* Agrumi.

Arazzi (Gli) (Gobelins) di G. B. ROSSI (In lavoro).

Archeologia - *vedi* Amatore oggetti d'arte - Antichità greche -
Antichità private dei romani - Id. pubbliche romane -
Armi antiche - Araldica - Architettura - Atene - Atlante
numismatico - Majoliche - Mitologia - Monete greche -
Id. papali - Id. romane - Numismatica - Ornatista - Pa-
leografia - Paleoetnologia - Pittura italiana - Ristaura-
tore dipinti - Scoltura - Storia dell'arte - Topografia di
Roma - Vocabolarietto numismatico - Vocabol. araldico.

Archeologia e storia dell'arte greca, di I. GENTILE, 3ª
ediz. rifatta da S. RICCI di pag. XLVIII-270 con 215
tav. aggiunte e inserite nel testo 11 50
— Il solo testo a parte 9 50

Archeologia e storia dell'arte italica, etrusca e romana.
Un vol. di testo di p. XXXIV-346 con 96 tav. e 1 vol.
Atlante di 79 tav. a cura di S. RICCI 7 50

Architettura (Manuale di) **italiana,** antica e moderna,
di A. MELANI, 4ª ed. 136 tav. e 67 inc.. p. XXV-559 7 50

Archivista (L') di P. TADDEI. Manuale teorico-pratico,
di pag. VIII-486 con modelli e tabelle . . . . . . 6 —

Arenoliti — *vedi* Mattoni e pietre.

Argentina (La Repubblica) nelle sue fasi storiche e nelle
sue attuali condiz. geografiche, statistiche ed econom.
di EZIO COLOMBO, di pag. XII-330 con 1 tav. e 1 carta. . 3 50

Argentatura — *vedi* Galvanizzazione - Galvanoplastica -
Galvanostegia - Metallocromia - Metalli preziosi - Piccole industrie.

Argento — *vedi* Alligazione metalli preziosi — Leghe.

Aritmetica pratica, di F. PANIZZA, 2ª ediz. riveduta,
di pag. VIII-188 . . . . 1 50

Aritmetica razionale, di F. PANIZZA, 4ª ediz. riveduta
di pag. XII-210 . . . . 1 50
— (Esercizi di), di F. PANIZZA, di pag. VIII-150 . . . 1 50

Aritmetica (L') **e Geometria dell'operaio,** di E. GIORLI
di pag. XII-183, con 74 figure. . . . . 2 —

Armi antiche (Guida del raccoglitore e dell'amatore di)
J. GELLI, di pag. VIII-389, con 9 tavole, 432 incis. e
14 tavole di marche 6 50
— *vedi* Amatore d'oggetti d'arte — Storia d. arte milit.

Armonia, di G. BERNARDI, con prefazione di E. Rossi
di pag. XX-338 . . . . 3 50

Aromatici e Nervini nell'alimentazione. I condimenti,
l'alcool (Vino, Birra, Liquori, Rosolii, ecc.). Caffè,

L. c.

Thè, Matè, Guarana, Noce di Kola, ecc. — Appendice sull'uso del Tabacco da fumo e da naso, di A. VALENTI 3 —

Arte (Storia dell') — *vedi* Storia.

Arte e tecnica del canto, di G. MAGRINI, di pag. VI-160. 2 —

Arte decorativa antica e moderna. (Manuale di), di A. MELANI. 2ª ediz. rinnovata nel testo con molte inc. nuove. 1907, di pag. XXVII-551, con 83 inc. intercalate nel testo e 175 tavole . . . . 12 —
La prima edizione comparve col titolo: **Decorazioni e industrie artistiche.**

Arte del dire (L') di D. FERRARI. Manuale di rettorica per lo studente delle Scuole secondarie. 6ª ed. corr. (11, 12 e 13 migliaio), p. XVI-358 e quadri sinottici 1 50

Arte della memoria (L') sua storia e teoria (parte scientifica). Mnemotecnia Triforme (parte pratica) di B. PLEBANI, di pag. XXXII-224 con 13 illustr. 2 50

Arte militare — *vedi* Armi antiche - Esplodenti - Nautica - Storia dell'

Arte mineraria — *vedi* Miniere (Coltivazione delle) - Zolfo.

Arti (Le) **grafiche fotomeccaniche,** ossia la Eliografia nelle diverse applicaz. (Fotozincotipia, fotozincografia, fotocromolitografia, fotolitografia, fotocollografia, fotosilografia, tricromia, fotocollocromia, ecc. con un Dizionarietto tecnico e un cenno storico sulle arti grafiche: 3ª ediz., di pag. XVI-238 . . . . 2 —

Asfalto (L') fabbricazoine, applicazione, di E. RIGHETTI con 22 incisioni, di pag. VIII-152. . . . . 2 —

Assicurazione in generale, di U. GOBBI, di pag. XII-308 3 —

Assicurazione sulla vita, di C. PAGANI, di pag. VI-161 1 50

Assicurazioni (Le) **e la stima dei danni** nelle aziende rurali, con appendice sui mezzi contro la grandine, di A. Capilupi, di pag. VIII-284, 17 inc. 2 50

Assistenza degl'infermi nell'ospedale ed in famiglia, di C. CALLIANO, 2ª ediz., pag. XXIV-448, 7 tav. . . . 4 50

Assistenza dei pazzi nel manicomio e nella famiglia, di A. PIERACCINI e pref. di E. MORSELLI, 2ª ed., p. XX-279 2 50

Astrologia — *vedi* Occultismo.

Astronomia, di J. N. LOCKYER, nuova versione libera con note ed aggiunte di G. CELORIA, 5ª ediz. di pag. XVI-255 con 54 inc. 1 50
— *vedi* Gravitazione.

Astronomia (L') nell'antico testamento, di G. V. SCHIAPARELLI, di pag. 204 . . . . 1 50

Astronomia nautica, di G. NACCARI, di pag. XVI-320, con 45 incis. e tav. numeriche . . . . 3 —

Atene. Brevi cenni sulla città antica e moderna, seguiti da un saggio di Bibliografia descrittiva e da un'Appendice Numismatica, di S. AMBROSOLI, con 22 tavole e varie incis. 3 50

L. c

Atlante geografico-storico d'Italia. di G. GAROLLO. 24
tav. con pag. VIII-67 di testo e un'appendice . . . 2 —

Atlante geografico universale, di R. KIEPERT, 26 carte
con testo. *Gli stati della terra* di G. GAROLLO. 10ª ed.
(dalla 91.000ª alla 100.000ª copia) pag. VIII-88 . . 2 —

Atlante numismatico — *vedi* Numismatica.

Atletica — *vedi* Acrobatica.

Atmosfera — *vedi* Igroscopi e igrometri.

**Attrezzatura, manovra navale, segnalazioni marittime
e Dizionarietto di Marina,** di F. IMPERATO, 3ª ediz.
di pag. XX-751, con 427 incis. e 28 tav. in cromolit.
riproducenti le bandiere marittime di tutte le nazioni 7 50

Autografi (L'amatore d'), di E. BUDAN, con 361 facsimili
di pag. XIV-426 . . . . 4 50

Autografi (Raccolte e raccoglit. di) in Italia, di C. VAN-
BIANCHI, di pag. XVI-376, 102 tav. di facsimili d'autore e ritratti 6 50

Automobilista (Manuale dell') e **guida pei meccanici
conduttori d'automobili.** Trattato sulla costr. dei veicoli
semoventi, di G. PEDRETTI, 2ª ediz. di pag. XX-746 8 50

Automobili — *vedi* Ciclista - Locomobili - Motociclista — Trazione a vapore.

Avarie e sinistri marittimi (Manuale del regolatore e
liquidatore di) di, V. ROSSETTO. Appendice : Breve
dizionario di terminologia tecnico-navale e commerciale marittimo inglese-Italiano. Ragguaglio dei pesi
e misure inglesi con le italiane, pag. XV-496, 25 fig. 5 50

Avicoltura — *vedi* Animali da cortile - Colombi - Pollicolt.

Avvelenamenti - *vedi* Analisi chim. - Chimica legale - Veleni.

Bachi da seta, di F. NENCI. 3ª ediz. con note ed aggiunte, di pag. XII-300, con 47 incis. e 2 tav. . . . 2 50

Balbuzie (Cura della) e **dei difetti di pronunzia,** di A.
SALA, di pag. VIII-214 e tavole. . . . . . . 2 —

Balistica — *vedi* Armi antiche - Esplodenti - Pirotecnia -
Storia dell'arte miltare.

Ballo (Manuale del), di F. GAVINA, 2ª Ediz. di pag. VIII-
265, con 103 fig.: Storia della danza - Balli girati -
Cotillon - Danze locali - Feste di ballo - Igiene del ballo 2 50

Bambini — *vedi* Balbuzie - Malattie d'infanzia - Nutrizione
dei bambini - Ortofrenia - Rachitide.

Barbabietola (La) da zucchero. Cenni storici, caratteri
botanici, clima, lavoraz. del terreno, concimaz. rota-
zione, semina, cure durante la vegetaz., raccolta e con-
servaz., produz. del seme, malattie, fabbricaz. di zucchero, di A. SIGNA, p. XII-225, 29 inc. e 2 tav. color. 2 50
— *vedi* Zucchero.

Batteriologia, di G. CANESTRINI, 2ª ed. pag. X-274 37 inc. 1 50

Beneficenza (Manuale della), di L. CASTIGLIONI, con
appendice sulle contabilità delle istituzioni di pubblica beneficenza, di G. ROTA, di pag. XVI-340 . . 3 50

Belle arti *vedi* — Amatore oggetti d'arte - Anatomia pittorica

L. c.

- Armi antiche - Archeologia dell'arte greca - Id. dell'arte romana - Architettura - Arti grafiche - Calligrafia - Colori e pittura - Decoraz. ed industrie artistiche - Disegno - Gramm. del disegno - Fiori artificiali - Fotosmaltografia - Gioielleria - Litografia - Luce e colori - Majoliche e porcellane - Marmista - Monogrammi - Ornatista - Pittura italiana - Pittura ad olio - Prospettiva - Ristauratore dipinti - Scolt. - Stor dell'arte - Teoria delle ombre.

Bestiame (Il) e l'agricoltura in Italia, di F. ALBERTI 2ª ediz. rifatta di U. BARPI di pag. XII-322, con 47 tavole e 118 figure 4.50
— *vedi* Abitazioni di animali - Alimentazione d. bestiame - Araldica zootecnica - Cavallo - Coniglicoltura - Igiene veterinaria - Majale - Malattie infettive - Polizia sanitaria - Pollicoltura - Razze bovine - Veterinario - Zoonosi - Zootecnia.

Biancheria (Disegno, taglio e confezione di), Manuale teorico pratico ad uso delle scuole normali e professionali femminili e delle famiglie, di E. BONETTI, 3ª ediz. coll'aggiunta di nuove tavole e prospetti per l'ingrandimento e l'impicciolimento dei modelli, di pag. XX-234, 60 tavole e 6 prospetti . . . . 4 —

Bibbia (Man. della), di G. M. ZAMPINI, di pag. XII-308. 2 50

Bibliografia, di G OTTINO, 2ª ed., pag. IV-166, 17 incis. 2 —
— *vedi* Atene - Dizionario bibliografico.

Bibliotecario (Manuale del), di G. PETZHOLDT, tradotto sulla 3ª ediz. tedesca, per cura di G. BIAGI e G. FUMAGALLI, di pag. XX-364-CCXIII 7 50
— *vedi anche* Dizionario bibliografico - Paleografia.

Biliardo (Il giuoco del), di J. GELLI, 2ª ediz. riveduta, di pag. XII-175, con 80 illustrazioni 2 50

Biografia — *vedi* Cristoforo Colombo - Dantologia - Diz. biografico - Manzoni - Napoleone I - Omero - Shakespeare.

Biologia animale. Zoologia generale e speciale per Naturalisti, Medici e Veterinari, di G. COLLAMARINI, di di pag. X-426 con 23 tavole . . . . 3 —

Birra (La). Malto, luppolo, fabbricazione, analisi, di S. RASIO e di F. SAMARANI di pag. 279 con 25 incis. . 3 50

Bollo — *vedi* Codice del Bollo - Leggi registro e bollo.

Bolloneria — *Vedi* Stampaggio a caldo.

Bonificazioni (Manuale amministrativo delle), di G. MEZZANOTTE, di pag. XII-294 . . . . 3 —

Borsa — *vedi* Capitalista - Debito pubbl. - Valori pubblici.

Boschi — *vedi* Consorzi — Selvicoltura.

Botanica, di I. D. HOOKER, traduzione di N. PEDICINO 4ª ediz., di pag. VIII-134, con 68 incis. 1 50
— *vedi* Dizionario di botanica - Ampelografia - Anatomia vegetale - Fisiologia vegetale - Floricoltura - Funghi - Garofano - Malattie crittogamiche - Orchidee - Orticoltura - Piante e fiori - Pomologia - Rose - Selvicoltura - Tabacco

Botti — *vedi* Enologia.

Bromatologia. Dei cibi dell'uomo secondo le leggi del-

L. c.

l'igiene, di S. BELLOTTI, di pag. xv-251, con 12 tav. 3 50

Bronzatura — *vedi* Metallocromia - Galvanostegia.

Bronzo — *vedi* Fonditore - Leghe metalliche - Operaio.

Buddismo, di E. PAVOLINI, di pag. xvi-164 . . . . 1 50

Buoi — *vedi* Bestiame — Razze bovine

Burro — *vedi* Latte - Caseificio.

Caccia — *vedi* Cacciatore - Falconiere.

Cacciatore (Manuale del), di G. FRANCESCHI, 3ª ediz. rifatta, di pag. ix-344 con 48 incis. 2 50

Cacio — *vedi* Bestiame - Caseificio - Latte, ecc.

Caffè — *vedi* Prodotti agricoli.

Caffettiere e sorbettiere (Manuale del). Caffè, Thè, Liquori, Limonate, Sorbetti, Granite, Marmellate, Conservazione dei frutti, Ricette per feste da ballo, Vini Cioccolata di L. MANETTI, di pag. xii-311, con 65 inc. 2 50

Calcestruzzo (Costruzioni in) **ed in cemento armato,** di G. VACCHELLI, 3ª ediz. , pag. xvi-383, con 270 fig. 4 —

Calci e Cementi (Impiego delle), di L. MAZZOCCHI, 2ª edizione riveduta e corretta, pag. xii-225, con 56 fig. 2 50

— *vedi anche* Capomastro - Mattoni e pietre.

Calcolazioni mercantili e bancarie — *vedi* Conti e calcoli fatti - Interesse e sconto - Prontuario del ragioniere - Monete inglesi - Usi mercantili.

Calcoli fatti — *vedi* Conti e

Calcolo (Manuale per il) **dei canali in terra e in muratura** di C. SANDRI (In lavoro).

Calcolo infinitesimale di E. PASCAL:

I. *Calcolo differenziale.* 2ª ediz. rived., di pag. xii-311, 10 incis. . . . . 3 —

II. *Calcolo integrale,* 2ª ediz. di pag. viii-329 . 3 —

III. *Calcolo delle variazioni e calcolo delle differenze finite,* di pag. xii-300 . . . . 3 —

— **(Esercizi di)** (calcolo differenziale e integrale), di E. PASCAL, di pag. xx-372. . . . . 3 —

— *vedi* Determinanti - Funzioni analitiche - Funzioni ellittiche - Gruppi di trasformaz - Matematiche superiori.

Caldaie a vapore. (Le), con Istruzioni ai conduttori, di L. CEI con molte illustrazioni (in lavoro).

Calderaio pratico e costruttore di caldaie a vapore, e di altri apparecchi industriali, di G. BELLUOMINI, di pag. xii-248, con 220 incis.. . . . . 3 —

— *vedi anche* Locomobili — Macchinista.

Calligrafia. *Cenno storico, cifre numeriche, materiale adoperato per la scrittura e metodo di insegnamento* con 48 fax-simile di scritture e 76 tav. dei principali caratteri conformi ai programmi governativi di R. PERCOSSI. 2ª ediz. 1907, di pag. xii-151 di testo . . . 5 50

Calore (Il) di E. JONES, trad. di U. FORNARI, di pag. viii-296, con 98 incis. . . . . 3 —

Camera di Consiglio Civile, di A. FORMENTANO. I. Norme generali sul procedimento in Camera di Consiglio. II.

L. c.

Giurisdizione volontaria. III. Affari di giurisdizione contenziosa da trattarsi senza contraddittore. IV. Materie da trattarsi in Cam. di Consiglio, pag. xxxii-574 4 50

Campicello (Il) **scolastico**. Impianto e coltivazione. Manuale di agricoltura pratica per i Maestri di E. Azimonti e C. Campi, di pag. xi-175, con 126 incis. . 1 50

Canali in terra e in muratura — *vedi* Calcolo dei.

Cancelliere — *vedi* Conciliatore

Candeggio — *vedi* Industria tintoria.

Candele — *vedi* Industria stearica.

Cane (Il) Razze mondiali, allevamento, ammaestramento, malattie con una appendice: I cani della spedizione polare di S. A. R. il Duca degli Abruzzi, di A. Vecchio 2ª ediz. di pag. xvi-442, con 152 inc. e 63 tav. . 7 50

Cani e gatti, di F. Faelli (In lavoro).

Canottaggio (Manuale di), del Cap. G. Croppi, di pag. xxiv-456 con 387 incis. e 91 tav. cromolit. 7 50

Cantante (Man. del), di L. Mastrigli, di pag. xii-132 2 —

Cantiniere (Il). Manuale di vinificazione per uso dei cantinieri, di A. Strucchi, 3ª ediz. con 52 incis. e una tabella per la riduz. del peso degli spiriti, p. xvi-256 2 —

Canto (Il) **nel suo meccanismo**, di P. Guetta, di pag. viii-253, con 24 incis. 2 50

— *vedi anche* Arte del canto - Cantante.

Capitalista (Il) nelle Borse e nel Commercio dei valori pubblici. Guida finanziaria per le Borse, Banche, Industrie, Società per azioni e Valori pubblici di F. Piccinelli, di pag. li-1172 . . . . 12 —

Capomastro (Man. del). Impiego e prove dei materiali idraulici-cementizii, con riassunto della legge per gli infortuni degli operai sul lavoro e delle disposizioni di legge sui fabbricati, di G. Rizzi, pag. xii-263, con 19 incis. intercalate nel testo 2 50

Cappellaio (Man. d.), di L. Ramenzoni, p. xii-222, 68 inc. 2 50

Capre — *vedi* Razze bovine, ecc.

Carboni fossili inglesi. Coke. Agglomerati di G. Gherardi, pag. xii-586 con fig. nel testo e cinque carte geografiche dei bacini carboniferi inglesi . . . . 6 —

Carburo di calcio — *vedi* Acetilene.

Carta (Ind. della), L. Sartori, p. vii-326, 106 inc. e 1 tav. 5 50

Carte fotografiche, Preparazioni e trattamento di L. Sassi, pag. xii-353. . . . . 3 50

Carte geografiche — *vedi* Atlante.

Cartografia (Manuale teorico-pratico della), con un sunto della storia della Cartografia, di E. Gelcich, di pag. vi-257, con 36 illustrazioni . . . . 2 —

Casa (La) **dell'avvenire**, di A. Pedrini. Vade-mecum dei costruttori, dei proprietari di case e degli inquilini. Raccolta ordinata di principî d'ingegneria sanitaria, domestica ed urbana, per la costruzione di

L.c.

case igieniche, civili, operaie e rustiche e per la loro
manutenzione, di pag. xv;468, con 213 incis. . . . 4 50

Case coloniche — *vedi* Fabbricati rurali.

Case operaie — *vedi* Abitazioni popolari.

Caseificio, di L. MANETTI, 4ª ediz. nuovamente ampliata da G. SARTORI, di pag. XII-280, con 49 inc. . 2 —
— *vedi* Bestiame — Latte, cacio e burro.

Catasto (Il nuovo) **italiano**, di E. BRUNI, pag. VII-346. 3 —

Cavallo (Il), di C. Volpini, 3ª ediz. rived. ed ampliata
di pag. VI-233 con 48 tavole 5 50

Cavalli — *vedi* Razze bovine, equine, ecc.

Cavi telegrafici sottomarini. Costruzione, immersione,
riparazione di E. JONA, di pag. XVI-388, 188 fig. e 1
carta delle comunicazioni telegrafiche sottomarine . 5 50

Cedri — *vedi* Agrumi.

Celerimensura e tavole logaritmiche a quattro decimali,
di F. BORLETTI, di pag. VI-148 con 29 incisioni . . 3 50

Celerimensura (Manuale e tavole di). di G. ORLANDI,
di pag. 1200, con quadro generale d'interpolazioni . 18 —

Celluloide — *vedi* Imitazioni.

Cementazione — *vedi* Tempera.

Cemento armato — *vedi* Calcestruzzo - Calci e cementi - Mattoni

Ceralacca — *vedi* Vernici e lacche.

Ceramiche — *vedi* Maioliche e porcellane - Fotosmaltogr.

Chimica, di H. E. ROSCOE, 6ª ediz. rifatta da E. RICCI,
di pag. XII-231, con 47 incis. 1 50

Chimica agraria, di A. ADUCCO, 2ª ediz. di pag. XII-515 3 50
— *vedi* Concimi - Fosfati - Humus - Terreno agrario.

Chimica analitica (Elementi scientifici di), di W. OST-
WALD, trad. del Dott. BOLIS, di pag. XVI-234 . . . 2 50

Chimica applicata all'igiene. Ad uso degli Ufficiali sanitari, Medici, Farmacisti, Commercianti, Laboratori
d'igiene, di merciologia, ecc., di P. E. ALESSANDRI,
di pag. XX-515, con 49 inc. e 2 tav. 5 50

Chimica clinica, di R. SUPINO, di pag. XII-202. . . . 2 —

Chimica cristallografica — *vedi* Cristallografia - Fisica cristallografica.

Chimica delle sostanze coloranti, di A. PELLIZZA (Teoria ed applic. alla tintura delle fibre tessili, pag. VIII-480 5 50

Chimica fotografica. Prodotti chimici usati in fotografia
e loro proprietà, di R. Namias di pag. VIII-230 . . 2 50

Chimica legale (Tossicologia), di N. VALENTINI, p. XII-243 2 50

Chimico (Manuale del) e **dell'industriale**. Raccolta di tabelle, dati fisici e chimici e di processi d'analisi tecnica,
ad uso dei chimici analitici e tecnici, dei direttori di
fabbriche, ecc. di L. GABBA, 4ª ediz. arricchita delle
tavole analitiche di H. WILL, di p. XX-534, 12 tavole 6 —
— *vedi* Analisi volumetrica — Soda caustica.

Chiromanzia e tatuaggio, note di varietà, ricerche storic.
e scientif., G. L. CERCHIARI, p. XX-323, 29 tav., 82 inc. 4 50

Chirurgia operativa (Man. di), di R. STECCHI e A.

L. c.

GARDINI, di pag. VIII-322, con 118 inc. . . . . . 3 —

Chitarra (Manuale pratico per lo studio della), di A. PI-
SANI, di pag. XVI-116, 36 fig. e 25 esempi di musica 2 —

Ciclista, di I. GHERSI, 2ª ed. rifatta, pag. 244, 147 incis. 2 50

Cinematografo (Il) e i suoi accessori. Lanterna magica e
apparecchi affini. Vocabolario delle proiezioni, di
G. RE, di pag. XV-182, con 73 incisioni . . . . . 2 —

Cinque (I) Codici essenziali del Regno d'Italia — vedi Codici.

Città (La) moderna, ad uso degli Ingegneri, dei Sanitari, ecc. di A. PEDRINI, p. XX-510, 194 fig. e 19 tav. 6 —

Classificazione delle scienze, di C. TRIVERO, p. XVI-292 3 —

Climatologia, di L. DE MARCHI, pag. X-204 e 6 carte . 1 50

Cloruro di sodio — vedi Sale.

Codice cavalleresco italiano (Tecnica del duello), di J.
Gelli 10ª ediz. riveduta, di pag. XVI-275 . . . . . 2 50
— vedi Duellante.

Codice del bollo (Il). Nuovo testo unico commentato
colle risoluzioni amministrative e le massime di giurisprudenza, ecc., di E. CORSI, di pag. C-564 . . . 4 50
— vedi Leggi registro e bollo.

Codice civile del regno d'Italia, accuratamente riscontrato sul testo ufficiale, corredato di richiami e coor-
dinato da L. FRANCHI, 3ª ediz. di pag. 232 . . . 1 50

Codice di commercio, accuratamente riscontrato sul testo ufficiale da L. FRANCHI, 4ª ediz. di pag. IV-158. 1 50

Codice doganale italiano con commento e note, di E.
BRUNI, di pag. XX-1078 con 4 inc. 6 50

Codice (Nuovo) **dell' Ingegnere Civile-Industriale, Ferro-
viario, Navale, Elettrotecnico.** Raccolta di Leggi, Regol. e Circol. con annotaz. di E. NOSEDA, di p. XII-1341 12 50

Codice di marina mercantile, secondo il testo ufficiale,
di L. FRANCHI, 3ª ediz., di pag. IV-290 . . . . . 1 50

Codice metrico internazionale — vedi Metrologia.

Codice penale e di procedura penale, secondo il testo
ufficiale, di L. FRANCHI, 3ª ediz., di pag. IV-230 . 1 50

Codice penale per l'esercito e penale militare marittimo
secondo il testo ufficiale di L. FRANCHI 2ª ediz. di p. 179 1 50

Codice del perito misuratore. Raccolta di norme e dati
pratici per la misurazione e la valutazione d'ogni lavoro edile, preventivi, liquidazioni, collaudi, perizie,
arbitramenti, di L. MAZZOCCHI e E. MARZORATI, 2ª
ediz. di pag. VIII-530. con 169 illustr.. . . . . . 5 50

Codice di procedura civile, accuratamente riscontrato
sul testo ufficiale da L. FRANCHI, 2ª ediz. di p. 167 1 50

Codice sanitario — vedi Legislazione sanitaria.

Codice del teatro (Il). Vade-mecum legale per artisti
lirici e drammatici, impresari, capicomici, direttori
d'orchestra, direzioni teatrali, agenti teatrali, gli av-
vocati e per il pubblico. di N. TABANELLI, pag. XVI-328 3 —

L. c.

Codici (I cinque) essenziali del Regno d'Italia, a cura di L. FRANCHI (In lavoro).

Codici e leggi usuali d'Italia, riscontrati sul testo ufficiale e coordinati e annotati da L. FRANCHI, raccolti in cinque grossi volumi legati in pelle.

Vol. I. Codice civile - di procedura civile - di commercio - penale - procedura penale - della marina mercantile - penale per l'esercito - penale militare marittimo (*otto codici*) 2ª edizione, di pag. VIII-1261 . . . . 8 50

Vol. II. Leggi usuali d'Italia. Raccolta coordinata di tutte le leggi speciali più importanti e di più ricorrente ed estesa applicazione in Italia ; con annessi decreti e regolam. e disposte secondo l'ordine alfabetico delle materie. 2ª ediz. riveduta ed aumentata, *divisa in 3 parti.*

Parte I. Dalla voce « Abbordi di mare » alla voce « Dominii collettivi », di pag. VIII-1456 a due colonne 12 50

Parte II. Dalla voce « Ecclesiastici » alla voce « Polveri piriche » pag. 1459 a 1855 due colonne . 12 50

Parte III. Dalla voce « Posta » alla voce « Zucchero » pag. 2857 a 4030, a due colonne. 12 50

Vol. III. Leggi e convenzioni sui diritti d'autore, raccolta generale delle leggi italiane e straniere di tutti i trattati e le convenzioni esistenti fra l'Italia ed altri Stati 2ª ediz. di pag. VII-617 . . . 6 50

Vol. IV. Leggi e convenzioni sulle privative industriali. Disegni e modelli di fabbrica. Marchi di fabbrica e di commercio. Legislazione italiana. Legislazioni straniere. Convenzioni esistenti fra l'Italia ed altri Stati, di pag. VIII-1007 . . . . 8 50

Cognac (Fabbricazione del) **e dello spirito di vino e distillazione delle fecce e delle vinacce**, di DAL PIAZ, con note di G. PRATO, 2ª ed. con aggiunte e correz. di F. A. SANNINO, di pag. XII-210, con 38 inc. . . 2 —
— *vedi* Alcool - Distillazione - Enologia - Liquorista.

Coleotteri italiani, di A. GRIFFINI (Entomologia. I), di pag. XVI-334, con 215 inc. . . . . 3 —
— *vedi* Ditteri - Imenotteri - Insetti — Lepidotteri.

Collezioni — *vedi* Amatore d'oggetti d'arte - Amatore di maioliche - Armi antiche - Autografi - Dizionario filatelico.

Colombi domestici e colombicoltura, di P. BONIZZI, 2ª edizione rifatta a cura della Società Colombofila fiorentina, di pag. x-211, con 26 figure . . . . . . 2 —

Colorazione dei metalli — *vedi* Metallocromia.

Colori (La scienza dei) **e la pittura**, di L. GUAITA. 2ª ed. ampliata, di pag. IV-368 . . . . 3 —

Colori e Vernici. Manuale ad uso dei Pittori, Verniciatori, Miniatori, Ebanisti e Fabbricanti di colori e

L. c.

vernici, di G. GORINI, 4ª ediz. per cura di G. AP-
PIANI, di pag. xv-301 con 39 incis. . . . . 3 —
Commedia — *vedi* Letteratura drammatica.
Commerciante (Manuale del) ad uso della gente di com-
mercio e Istit. d'Istruz. comm., corredato di oltre 200
moduli, quadri esempi, tavole dimostr. e prontuari, di
C. DOMPÉ, 2ª ediz. riveduta ed ampliata di p. x-649 . 6 50
Commercio (Storia del), di R. LARICE, di pag. xvi-336 3 —
— *vedi* Usi mercantili.
Commissario giudiziale — *vedi* Curatore dei fallimenti.
**Compensazione degli errori con speciale applicazione
ai rilievi geodetici**, di F. CROTTI, pag. iv-160 . . . 2 —
Complementi di matematica — *vedi* Matematica.
Computisteria, di V. GITTI : Vol. I. Computisteria com-
merciale, 6ª ediz., di pag. viii-184 . . . . 1 50
        Vol. II. Computist. finanziaria, 4ª ediz., p. viii-156 1 50
Computisteria agraria, di L. PETRI, 3ª ediz. riveduta
di pag. viii-210 e 2 tabelle. 1 50
— *vedi* Contabilità - Ragioneria - Logismografia.
Concia delle pelli ed arti affini, di G. GORINI, 3ª ed. rifatta
da G. B. FRANCESCHI e G. VENTUROLI, di pag. ix-210 . 2 —
Conciliatore (Manuale del), di G. PATTACCINI. Guida
teorico-pratica con formulario completo pel Concilia-
tore, Cancelliere, Usciere e Patrocinatore di cause,
4ª ediz. ampliata, di pag. xii-461 . . . . 3 —
Concimi, di A. FUNARO. 2ª ediz. di pag. xii-266. . . 2 —
Concimi fosfatici — *vedi* Fosfati - Chimica agraria - Humus
- Terreno agrario.
Concordato preventivo — *vedi* Curatore di fallimenti.
Confettiere — *vedi* Pasticcere e confettiere moderno.
Coniglicoltura pratica, di G. LICCIARDELLI, 2ª ediz.,
di pag. viii-248, con 53 incisioni e 12 tavole in tricr. 2 50
Conservazione delle sostanze alimentari, di G. GORINI,
4ª ediz. intieramente rifatta da G. B. FRANCESCHI e
G. VENTUROLI (In lavoro).
Conservazione dei prodotti agrari, di C. MANICARDI, di
pag. xv-220, con 12 incis. 2 50
Consigli pratici — *vedi* Caffettiere - Ricettario domestico -
Industriale - Soccorsi d'urgenza.
Consorzi di difesa del suolo (Manuale dei). Sistemazioni
idrauliche. Culture silvane e rimboschimento, di A.
RABBENO, di pag. viii-296 . . . . 3 —
Contabilità delle aziende rurali, di DE BRUN (In lav.).
Contabilità comunale, secondo le nuove diposiz. legisla-
tive e regolamentari di A. DE BRUN. (2ª ediz. rifatta,
ed ampliata di pag. xvi-650 . . . . 5 50
— *vedi* Enciclopedia amministrativa.
Contabilità domestica. Nozioni amministrativo-contabili
ad uso delle famiglie e delle scuole femminili, di O.
BERGAMASCHI, di pag. xvi-186 . . . . 1 50

L. c.

LETA, pag. XII-197. con 11 incis. e 3 tav. 1 50
— *vedi* Sfere cosmografiche.

Costituzione degli Stati — *vedi* Diritti e doveri - Diritto internazionale - Diritto costituzionale - Ordin. di stati.

Costruttore navale (Manuale del), di G. Rossi, pagine XVI-517, con 231 fig. interc. nel testo e 65 tab. . . 6 —

Costruzioni — *vedi* Abitazioni - Architettura - Calcestruzzo - Calci - Capomastro - Case dell'avvenire - Città (La) moderna - Fabbricati civili - Fabbricati rurali - Fognatura - Ingegnere civile - Lavori marittimi - Mattoni e pietre - Peso me talli - Resistenza dei materiali - Resistenza e pesi di travi metalliche - Scaldamento.

Cotoni — *vedi* Filatura - Prodotti agricoli - Tintura - Tessitur.

Cremore di tartaro — *vedi* Distillazione.

Cristallo — *vedi* Fotosmaltografia - Specchi - Vetro.

Cristallografia geometrica, fisica e chimica, applicata ai minerali, di F. SANSONI, p. XVI-367, 284 inc. . . 3 —
— *vedi* Fisica cristallografica

Cristo — *vedi* Imitazione di Cristo.

Cristoforo Colombo di V. BELLIO, p. IV-136 e 10 inc. . 1 50

Crittogame — *vedi* Funghi — Malattie crittogam. - Tartufi.

Crittografia (La) diplomatica, militare e commerciale, ossia l'arte di cifrare e decifrare le corrispondenze segrete. Saggio del conte L. GIOPPI, pag. 177. . . 3 50

Cronologia e calendario perpetuo. Tavole cronografiche e quadri sinottici per verificare le date storiche dal principio dell' Era cristiana ai giorni nostri, di A. CAPPELLI, di pag. XXXIII-421 . . . . 6 50

Cronologia delle Scoperte e delle esplorazioni geografiche dal 1492 a tutto il sec. XX, di L. HUGUES, p. VIII-487 4 50

Cronologia — *vedi* Storia e cronologia.

Cubatura dei legnami (Prontuario per la), di G. BELLUOMINI, 6ª ediz. corretta ed accresciuta, pag. 220 . 2 50

Cuoio — *vedi* Concia delle pelli - Imitazioni.

Curatore dei fallimenti (Manuale teorico-pratico del) e del Commissario giudiziale nel concordato preventivo e procedura di piccoli fallimenti, di L. MOLINA, di pag. XL-910 8 50

Curve circolari e raccordi. Manuale pratico per il tracciamento delle curve in qualunque sistema e in qualsiasi caso particolare, nelle ferrovie, strade e canali, di C. FERRARIO, pag. XI-264, con 94 incis. . . 3 50

Curve graduate e raccordi a curve graduate, con speciale riferimento alle pratiche importanti e nuove applicaz. nei tracciamenti ferroviari, di C. FERRARIO, in continuaz. al Manuale « Curve circolari e raccordi a curve circolari », dello stesso autore, p. XX-251, 25 tav. 41 e fig. 3 50

Danese (Lingua) — *vedi* Grammatica — Letteratura.

Dante Alighieri — *vedi* Divina Commedia.

Dantologia, di G. A. SCARTAZZINI. Vita e opere di Dante Alighieri, 3ª ed. con ritocchi e agg. di N. SCARANO 3 —

Datteri — *vedi* Prodotti agricoli.

Debito (Il) **pubblico italiano.** Regole e modi per le operaz.

L. c.

sui titoli che lo rappresentano, di F. Azzoni, p. VIII-376 3 —
— *vedi* Notaio - Valori pubblici.
Decorazione dei metalli — *vedi* Metallocromia.
Decorazioni del vetro — *vedi* Specchi - Fotosmaltologia -Vetro.
Denti — *vedi* Igiene della bocca.
Destrina — *vedi* Fecola.
Determinanti e applicazioni, di E. Pascal, pag. VII-330 3 —
Diagnostica — *vedi* Semeiotica.
Dialetti italici. Grammatica, iscrizione, versione, e les-
sico, di O. Nazari, pag. XVI-364. . . . . 3 —
— *vedi* Gramm storica della lingua e dei dialetti italiani.
Dialetti letterari greci (epico, neo-ionico, dorico, eolico)
di G. Bonino, pag. XXXII-214. . . . . 1 50
Didattica per gli alunni delle scuole normali e pei
maestri elementari, di G. Soli, pag. VIII-314 . . . 1 50
Digesto (Il), di G. Ferrini, pag. IV-134 . . . . . . 1 50
Dinamica elementare, di G. Cattaneo, p. VIII-146, 26 fig. 1 50
Dinamite — *vedi* Esplodenti.
Dinamometri, apparecchi per le misure delle forze e del
lavoro da queste eseguite mentre agiscono lungo deter-
minate trajettorie di E. N. Campazzi, p. xx-273 e 132 inc. 3 —
Diritti e doveri dei cittadini, secondo le Istituzioni dello
Stato, per uso delle pubbliche scuole, di D. Maf-
fioli, 11ª ediz. (dal 31 al 35° migliaio) con una ap-
pendice sul Codice penale, pag. XVI-229 . . . . . 1 50
Diritti d'Autore — *vedi* Codici e Leggi usuali d'Italia Vol III.
Diritto — *vedi* Filosofia del Diritto.
Diritto amministrativo e cenni di Diritto costituzionale,
giusta i programmi governativi ad uso di Istituti tec-
nici, di G. Loris, 6ª edizione di pag. XIV-424 . . . 3 —
Diritto civile (Compendio di), di G. Loris, giusta i
programmi ad uso degli Istit. tecnici, 3ª ed. p. XVI-397 3 —
Diritto civile italiano, di C. Albicini. p. VIII-128 . . 1 50
Diritto commerciale italiano, di E. Vidari, 3ª ediz.
diligentemente riveduta, pag. x-448 . . . . . . 3 —
Diritto comunale e provinciale — *vedi* Contabilità comunale
- Diritto amministrativo - Enciclopedia amministrativa
- Legge comunale.
Diritto costituzionale, di F. P. Contuzzi, 3ª ediz. intera-
mente rinnovata, di pag. XIX-456 . . . . 3 —
Diritto ecclesiastico, vigente in Italia. 2ª ediz. riveduta
ed ampliata di G. Olmo, pag. XVI-483. . . . . . 3 —
Diritto internazionale privato, di F. P. Contuzzi, di
pag. XIII-391 . . . . 3 —
Diritto internazionale pubblico, di F. P. Contuzzi, 2ª
edizione rifatta, di pag. XXXII-412 . . . . 3 —
Diritto marittimo italiano, ad uso degli Istituti nautici
e della gente di mare, di Sisto A., di pag. XII-566 . 3 00
Diritto penale romano di C. Ferrrini, pag. VIII-360. 3 —
Diritto romano, di C. Ferrini, 2ª ed. rif., pag. XVI-178 1 50
Disegnatore meccanico e nozioni tecniche generali di

L. c.

lombarde e limitrofe alla Lombardia, di C. Sco-
LARI, pag. XXII-310 . . . . 3 50
**Dizionario di abbreviature latine ed italiane usate nelle
carte e codici specialmente del Medio Evo**, riprodotte
con oltre 13000 segni incisi, aggiuntovi un prontua-
rio di *Sigle Epigrafiche*, i monogrammi, la nume-
rizzazione romana ed arabica e i segni indicanti mo-
nete, pesi, misure, ecc., di A. CAPPELLI, p. LXII-433 7 50
Dizionario bibliografico, di C. ARLIA, pag. 100 . . . 1 50
Dizionario biograf. universale, di G. GAROLLO (In lav.).
Dizionario di botanica generale G. BILANCIONI. Istologia,
Anatomia, Morfologia, Fisiologia, Biologia vegetale,
Appendice, Biografie di illustri botanici, di p. XX-926 10 —
Dizionario dei comuni del Regno d'Italia, secondo il
Censimento del 10 febbraio 1901, compilato da B.
SANTI, 2ª ediz., con le altezze sul livello del mare,
di pag. VIII-222 . , ... 3 —
Dizionario Eritreo (Piccolo) **italiano-Arabo-Amarico**, rac-
colta di vocaboli più usuali nelle principali lingue
parlate nella Col. Eritrea, di A. ALLORI, p. XXXIII-203 2 50
Dizionario filatelico, per il raccoglitore di francobolli
con introduzione storica e bibliografica, di J. GELLI
2ª ed., con appendice 1898-99, pag. LXIII-464 . . . 4 50
Dizionario fotografico pei dilettanti e professionisti, con
oltre 1500 voci in 4 lingue, 500 sinonimi e 600 for-
mule di L. GIOPPI, p. VIII-600, 95 inc. e 10 tav.. . 7 50
Dizionario geografico universale, di G. GAROLLO, 4ª
ediz, del tutto rifatta e molto ampliata, di pag. XII-
1451 a due colonne . , ... 10 —
Dizionario gotico — *vedi* Lingua gotica.
Dizionario greco-moderno, di E. BRIGHENTI (In lavoro).
Dizionario tascabile italiano-inglese e inglese-italiano, di
J. VESSELY, 16ª ediz. interamente rifatta da G. RIGU-
TINI e G. PAYN, in-16, di pag. VI-226-199 leg. in tela. 3 —
Dizionario italiano-olandese e olandese-italiano, di A.
NUYENS, in-16, di pag. XI-948. . . . . 8 —
**Dizionario milanese-italiano e repertorio italiano-mila-
nese**, di C. ARRIGHI, pag. 912, a 2 col., 2ª ediz.. . 8 50
Dizionario Numismatico — *vedi* Vocabolarietto numismatico.
Dizionario rumeno — *vedi* Grammatica rumena.
Dizionario di scienze filosofiche. Termini di Filosofia
generale, Logica, Psicologia, Pedagogia, Etica, ecc.,
di C. RANZOLI, pag. VIII-683 . . . . 6 50
Dizionario stenografico. Sigle e abbreviature del sistema Gabelsberger-Noe, di A. SCHIAVENATO, p. XVI-156 1 50
Dizionario (Nuovo) italiano-tedesco e tedesco-italiano,
compilato sui migliori vocabolari moderni, coll'ac-
centuazione per la pronunzia dell'Italiano di A. FIORI,
3ª ed., pag. 798, rifatta da G. CATTANEO 3 50

L. c.

Dizionario tecnico in 4 lingue, di E. WEBBER, 4 volumi:

I. Italiano-Tedesco-Francese-Inglese, 2ª ediz. riveduta
e aumentata di circa 2000 termini tecnici, p. XII-553 6 —

II. Deutsch-Italienisch-Französisch-Englisch, 2ª ediz.
di circa 2000 termini tecnici, di pag. VIII-611. . . 6 —

III. Français-Italien-Allemand-Anglais, pag. 509. . . 4 —

IV. Englisch-Italian-German-French, pag. 659 . . . 6 —

— *Vedi* vocabolario tecnico illustrato.

Dizionario tecnico-navale e commerciale maritt. Inglese-Italiano.
— *vedi* Avarie e Sinistri marittimi.

Dizionario turco — *vedi* Grammatica turca.

Dizionario universale delle lingue italiana, tedesca, inglese e francese, disposte in unico alfabeto, di p. 1200 8 —

Dogana — *vedi* Codice doganale - Trasporti e tariffe.

Doratura — *vedi* Galvanizzaz. - Galvanostegia - Metallocr.

Dottrina popolare, in 4 lingue, (Italiana, Francese, Inglese e Tedesca), Motti popolari, frasi commerciali e
proverbi, raccolti da G. SESSA, 2ª ediz., pag. IV-112 . 2 —

Doveri del macchinista navale, e condotta della macchina
a vapore marina ad uso del macchinista navale e degli istituti nautici, di M. LIGNAROLO, di pag. XVI-303 . 2 50

Drammi — *vedi* Letteratura drammatica.

Droghiere (Manuale del) di L. MANETTI, di p. XXIV-322 3 —

Duellante (Manuale del) in appendice al *Codice cavalleresco,* di J. GELLI, 2ª ed., p. VIII-250, con 26 tav. 2 50
— *vedi* Codice cavalleresco.

Ebanista — *vedi* Falegname - Modellatore mecc. - Operaio.

Ebraica (lingua) — *vedi* Grammatica - Letteratura.

Educazione dei bambini — *v* Balbuzie - Ortofrenia - Sordom.

Economia matematica (Introduzione alla), di F. VIRGILII e C. GARIBALDI, pag. XII-210, con 19 inc. . . 1 50

Economia politica di W. S. JEVONS, traduzione di L.
COSSA, 5ª ediz., riveduta, di pag. XV-180 . . . 1 50

Edilizia — *vedi* Costruzioni

Elasticità dei corpi — *vedi* Equilibrio.

Elettricità, di FLEEMING JENKIN, traduz. di R. FERRINI,
4ª ediz.. rived., pag. XII-237, con 40 inc. 1 50
— *vedi* Cavi telegrafici - Correnti elettriche - Elettrotecnica
- Elettrochimica - Fulmini - Galvanizzazione - Illuminazione elettr. - Ingegnere elettricista - Magnetismo ed
elettricità - Metallocromia - Operaio elettrotec. - Röntgen - Telefono - Telegrafia - Unità assolute.

Elettricità e materia di J. J. THOMSON. Traduzione ed
aggiunte di G. FAÈ. 1905, di pag. XIV-299 con 18 inc. 2 —

Elettricità medica, Elettroterapia. Raggi Röntgen. Radioterapia. Fototerapia. Ozono, Elettrodiagnostica, di
A. D. BOCCIARDO, di pag. X-201, con 54 inc. e 9 tav. 2 50
— *vedi* Luce e salute - Röntgen (Raggi).

Elettrochimica (Prime noz. el. di), A. COSSA, VIII-104, 10 inc. 1 50
— *vedi* Distillazione del legno.

**Elettromotori campieni e metodi di misura delle forze
elettromotrici,** di G. P. MAGRINI, p. XVI-185, 76 fig. 2 —

L. c.

Elettrotecnica (Manuale di), di GRAWINKEL-STRECKER. traduz. italiana di F. DESSY, 2ª ed., p. XIV-890, 360 fig. 9 50
— vedi Operaio elettrotecnico.

Elezioni politiche — vedi Legge elettorale politica.

Ematologia — vedi Malattie del sangue.

Embriologia e morfologia generale, di G. CATTANEO, pag. X-242, con 71 inc. 1 50

Enciclopedia del giurista — vedi Codici e leggi usuali d'Italia.

Enciclopedia (Piccola) amministrativa. Manuale teorico-pratico per le amministrazioni comunali, provinciali e delle opere pie, di E. MARIANI, di pag. XV-1327 . 12 50

Enciclopedia Hoepli (Piccola), in 2 grossi vol. di 3375 pag. di 2 colonne per ogni pagina con Appendice (146740 voci) — L. 20. (Esaurito).

Energia fisica, di R. FERRINI, pag. VIII-187, con 47 incisioni, 2ª ediz. interamente rifatta 1 50

Enimmistica. Guida per comporre e per spiegare Enimmi, Sciarade, Anagrammi, Logogrifi, Rebus, ecc, di D. TO-LOSANI (Bajardo), p. XII-516, con 29 ill. e molti esempi . 6 50

Enologia, precetti ad uso degli enologi italiani, di O. OTTAVI, 5ª ediz. di A. STRUCCHI, con una Appendice sul metodo della Botte unitaria pei calcoli relativi alle botti circolari, di R. BASSI, p. XVI-289, con 42 inc. . 2 50
— vedi Adulterazione vino — Analisi vino - Cantiniere - Cognac - Distillazione - Liquorista - Malattie vini - Mosti - Tannini - Vino.

Enologia domestica, di R. SERNAGIOTTO, p. VIII-233 . 2 —

Entomologia di A. GRIFFINI e P. LIOY, 4 vol. — vedi Coleottori - Ditteri - Lepidotteri - Imenotteri.

Epigrafia latina. Trattato elementare con esercizi pratici e facsimili, con 65 tav. di S. RICCI, p. XXXII-448 6 50
— vedi Dizionario di abbreviature latine.

Epilessia. Eziologia, patogenesi, cura, di P. PINI, p. X-277 2 50

Equazioni — vedi Algebra complementare.

Equilibrio dei corpi elastici (Teoria matematica dello), di R. MARCOLONGO, di pag. XIV-366 . . . . 3 —

Equini — vedi Cavallo - Razze bovine.

Eritrea (L') dalle sue origini al 1901. Appunti cronistorici con note geografiche e statistiche e cenni sul Benadir e sui viaggi d'esploraz. di B. MELLI, di pag. XII-164 2 —

Eritrea — vedi Arabo parlato - Dizionario eritreo - Grammatica galla - Lingue d'Africa - Prodotti del Tropico - Tigrè.

Errori e pregiudizi volgari, confutati colla scorta della scienza e del raziocinio da G. STRAFFORELLO, 2ª ed. accresciuta, pag. XII-196. . . . . 1 50

Esame degli infermi — vedi Semeiotica.

Esattore comunale (Manuale dell'), ad uso anche dei Ricevitori prov. ecc., di R. MAINARDI, 2ª ed., p. XVI-480 . 5 50

Esercito — vedi Armi antiche - Codice penale per - Storia dell'arte militare.

Esercizi geografici e quesiti, sull'Atlante geografico

L. c.

universale di R. Kiepert, di L. HUGUES, 3ª ediz. rifatta di pag. VIII-208. . . . . 1 50

Esercizi sintattici francesi, con tracce di componimento, temi di ricapitolazione e un indice alfabetico delle parole e delle regole, di D. RODARI, di pag. XII-403 . 3 —

Esercizi greci, per la 4ª classe ginnasiale in correlazione alle *Nozioni elem. di lingua greca*, di V. INAMA, di A. V. BISCONTI, 2ª ediz. rifatta, p. XXVI-234 . . 3 —

Esercizi latini con regole (Morfologia generale) di P. E. CERETI, pag. XII-332. . . . . 1 50

Esercizi di stenografia — *vedi* Stenografia.

Esercizi di traduzione a complemento della grammatica francese, di G. PRAT, 2ª ed., pag. VI-183 . . 1 50

Esercizi di traduzione con vocabolario a complemento della Grammatica tedesca, G. ADLER, 3ª ed., p. VIII-244 1 50

Esplodenti e modi di fabbricarli, di R. MOLINA, 2ª ediz. completamente rinnovata, con l'aggiunta di un'ampia trattazione degli esplosivi moderni, di pag. XXXII-402 4 —

Espropriazione — *vedi* Ingegneria legale

Espropriazioni per causa di pubblica utilità, di E. SARDI, di pag. VII-212-83 con 5 incis. e 2 tavole col. . . . 3 —

Essenze — *vedi* Distillaz.- Profum.- Liquorista - Ricettario.

Estetica. Lezioni sul bello, di M. PILO, pag. XXIII-257 2 50

— Lezioni sul gusto, di M. PILO, di pag. XII-255 . . 2 50

— Lezioni sull'arte, di pag. XV-286 . . . . 2 50

Estimo dei terreni. Garanzia dei prestiti ipotecari e della equa ripartizione dei terreni, di P. FILIPPINI, pag. XVI-328, con 3 inc. . . . . 3 —

Estimo rurale ad uso delle scuole e dei Periti, di P. FICAI, di pag. XI-292, con 6 incisioni . . . . 3 —

NB. Sostituisce Estimo rurale di F. Carega di Muricce, esaur.

Etica (Elementi di), di G. VIDARI, 2ª ediz. riveduta ed ampliata, di pag. XVI-356 . . . . 3 —

Etnografia, di B. MALFATTI, 2ª ed. rifusa, pag. VI-200 1 50

Euclide (L') emendato, del P. G. SACCHERI, traduzione note di G. BOCCARDINI, di pag. XXIV-126 con 55 inc. 1 50

Europa — *vedi* Storia di.

Evoluzione (Storia dell'), di C. FENIZIA, con breve saggio di Bibliografia evoluzionistica, pag. XIV-389 . . 3 —

Fabbricati civili di abitazione, di C. LEVI, 3ª ediz. rifatta, con 200 incisioni, e i Capitolati d'oneri approvati dalle principali città d'Italia di pag. XII-416 . . . 4 50

Fabbricati rurali (Costr. ed economia dei), V. NICCOLI, 3ª ed. riveduta di p. XVI-335, con 159 fig. . . . 3 50

Fabbro — *vedi* Aritmetica dell'operaio - Fonditore - Meccanico - Operaio - Tornitore.

Fabbro-ferraio (Manuale pratico del), di G. BELLUOMINI, opera necessaria ed indispensabile ai fabbri fucinatori, agli aggiustatori meccanici, armajuoli, carrozzieri, carradori, calderai, di p. VIII-242, con 224 inc. 2 50

L. o

dei cristalli, di W. VOIGT, trad. di A. SELLA, p. VIII-392 3 —
— *vedi* Cristallografia

Fisiologia, di FOSTER, traduz. di G. ALBINI, 4ª ediz.,
pag. VII-223, con 35 inc. e 2 tavole 1 50

Fisiologia vegetale, di L. MONTEMARTINI, pag. XVI-230,
con 68 inc. 1 50

Fisiologia comparata — *vedi* Anatomia.

Fisionomia e mimica. Note curiose, ricerche storiche e
scientifiche, osservazioni sulle interpretazioni dei caratteri dai segni della fisionomia e dei sentimenti
della mimica della loro espressioni, di L. G. CER-
CHIARI, di pag. XII-335 con 77 inc. e XXXIII tavole . 3 50

Floricoltura (Manuale di), di C. M. Fratelli RODA, 3ª ed.
rived. ed ampliata da G. RODA, pag. VIII-262 e 98 inc. 2 50

Flotte moderne (Le) 1896-1900, di E. BUCCI DI SANTA-
FIORA. Complem. del Man. del Marino, di C. DE AME-
ZAGA, pag. IV-204 . . . . 5 —

Fognatura cittadina, di D. SPATARO, pag. X-684, con
220 figure e 1 tavola in litografia . . . . . . 7 —

Fognatura domestica, A. CERUTTI, p. VIII-421, 200 inc. 4 —

Fonditore in tutti i metalli (Manuale del), di G. BEL-
LUOMINI, 3ª ediz., pag. VIII-178, con 45 inc. . . . 2 —

Fonologia italiana, di L. STOPPATO, pag. VIII-102 . . 1 50

Fonologia latina, di S. CONSOLI, pag. 208 . . . . . 1 50

Foot-Ball — *vedi* Giuoco del pallone - Lawn-tennis.

Foreste — *vedi* Consorzi - Selvicoltura.

Formaggio — *vedi* Caseificio - Latte, burro e cacio.

**Formole e tavole per il calcolo delle risvolte ad arco
circolare,** adattate alla divisione centesimale ad uso
degli ingegneri, di F. BORLETTI, di pag. XII-69, leg. 2 50

Formulario scolastico di matematica elementare (aritmetica, algebra, geometria, trigonometria), di M. A. Ros-
SOTTI, di pag. XVI-192 . . . . 1 50

Fosfati perfosfati, e concimi fosfatici. Fabbricazione
ed analisi, di A. MINOZZI, di pag. XII-301 con 48 inc. 3 50

Fotocalchi — *vedi* Arti grafiche - Chimica fotografica - Fotografia industriale - Processi fotomeccanici.

Fotocollografia — *vedi* Processi fotomeccanici.

Fotocromatografia (La), di L. SASSI, p. XXI-138, con 19 inc. 2 —

Fotografia (I primi passi in), di L. SASSI, di pag. XVI-183
con 21 inc. e 13 tavole . . . . 2 —

Fotografia industriale (La), fotocalchi economici per la
riproduzione di disegni, piani, ecc. di L. GIOPPI, pagine VIII-208, con 12 inc. e 5 tav. 2 50

Fotografia ortocromatica, di C. BONACINI di pagine
XVI-277, con inc. e 5 tavole 3 50

Fotografia pei dilettanti. (Come dipinge il sole), di G.
MUFFONE, 6ª ediz. riveduta ed ampliata, di p. XVI-428
con 290 incisioni e tavole 4 50

Fotografia senza obiettivo, di L. SASSI, di pag. XVI-135,

L. c.

con 127 inc., 12 tavole fuori testo e ritratto dell'aut. 2 50

Fotogrammetria, Fototopografia praticata in Italia e applicazione della fotogrammetria all'idrografia, di P. PAGANINI, pag. XVI-288, con 56 figure e 4 tavole. . . 3 50

Fotolitografia — *vedi* Arti grafiche - Processi fotomecc.

Fotosmaltografia (La), applicata alla decorazione industriale delle ceramiche e dei vetri, di A. MONTAGNA, pag. VIII-200, con 16 inc. nel testo . . . . . . 2 —
— *vedi anche* Carte fotografiche - Chimica fotografica - Dizionario fotografico - Processi fotomeccanici - Proiezioni - Ricettario fotografico - Spettrofotometria.

Fototerapia e radioterapia — *vedi* Luce e salute.

Fototipografia — *vedi* Arti grafiche - Processi fotomecc.

Fragole — *vedi* Frutta minori.

Francia — *vedi* Storia della Francia.

Francobolli — *vedi* Dizionario filatelico.

Fraseologia francese-italiana, di E. BAROSCHI SORESINI, pag. VIII-262 . . . . 2 50

Fraseologia straniera - *vedi* Conversazione - Dottrina popol.

Frenastenia — *vedi* Ortofrenia.

Frumento (Il), (come si coltiva o si dovrebbe coltivare in Italia), di E. AZIMONTI, 2ª ediz. di pag. XVI-276 . 2 50

Frutta minori. Fragole, poponi, ribes, uva spina e lamponi, di A. PUCCI, pag. VIII-193, con 96 inc. . . . 2 50

Frutta fermentate — *vedi* Distillazione.

Frutticoltura, di D. TAMARO, 4ª ediz. riveduta ed ampliata, di pag. XVIII-233, con 113 inc. intercalate nel testo e 7 tavole sinottiche 2 50

Frutti artificiali — *vedi* Pomologia artificiale.

Fulmini e parafulmini, di CANESTRINI, p. VIII-166 con 6 inc. 2 —

Funghi mangerecci e funghi velenosi, di F. CAVARA, di pag. XVI-192, con 43 tavole e 11 inc. 4 50

Funzioni analitiche (Teoria delle), di G. VIVANTI, pagine VIII-432 (volume doppio) . . . . 3 —

Funzioni ellittiche, di E. PASCAL, pag. 240. . . . . . 1 50

Funzioni poliedriche e modulari, (Elementi della teoria delle), di G. VIVANTI, di pag. VIII-437 . . . . . 3 —

Fuochista — *vedi* Macchinista e fuochista.

Fuochi artificiali — *vedi* Esplodenti - Pirotecnia.

Furetto (Il). Allevamento razionale, Ammaestramento, Utilizzazione per la caccia, Malattie, di G. LICCIARDELLI, di pag. XII-172, con 39 inc. . . . . 2 —

Gallinacei - *vedi* Animali da cortile - Colombi - Pollicolt.

Galvanizzazione, pulitura e verniciatura dei metalli e galvanoplastica in generale. Manuale pratico per l'industriale e l'operaio riguardante la nichelatura, ramatura, doratura, argentat., stagnat., acciaiatura, galvanoplast. in rame, argento, oro, ecc., in tutte le varie applicaz. pratiche, di F. WERTH, (2ª ediz., in lavoro)

Galvanoplastica ed altre applicazioni dell'elettrolisi. Galvanostegia, Elettrometallurgia, Affinatura dei metalli.

L. c.

Preparazione dell'alluminio. Sbiancamento della carta e delle stoffe. Risanamento delle acque, Concia elettrica delle pelli, ecc. di R. FERRINI, 3ª ediz. completamente rifatta, pag. XII-417, con 45 incisioni . . . . 4 —

Galvanostegia, di I. GHERSI. Nichelat., argentat., doratura, ramatura, metallizzaz., ecc. p. XII-324 con 4 inc 3 50

Garofano (Il), (Dianthus) nelle sue varietà, coltura e propagazione, di G. GIRARDI, con appendice di A. NONIN, di pag. VI-179, con 98 inc. e 2 tavole colorate. . . 2 50

Gastronomo (Il) **moderno**, di E. BORGARELLO. Vademecum ad uso degli albergatori, cuochi, segretari e personale d'albergo corredato da 250 Menus originali e moderni, e da un dizion. di cucina contenente 4000 termini più in uso nel gergo di cucina francese, di pag. VI-411 3 50

Gaz illuminante (Industria del), di V. CALZAVARA, pagine XXXII-672, con 375 inc. e 216 tabelle 7 50
— *vedi* Incandescenza a gaz.

Gaz povero, ad esplosione ecc. — *Vedi* motori.

Gelsicoltura, di D. TAMARO, 2ª diz. p. XXIX-245, 80 inc. 2 50

Geodesia — *vedi* Catasto - Celerimensura - Compensaz. errori - Disegno topograf. - Estimo - Telemetria - Triangolaz.

Geografia, di G. GROVE, traduzione di G. GALLETTI, 2ª ediz. riveduta, pag. XII-160, con 26 inc. 1 50

Geografia classica, di H. F. TOZER, traduzione e note di I. GENTILE, 5ª ediz., pag. IV-168. . . . . . . 1 50

Geografia commerciale economica. *Europa, Asia, Oceania, Africa, America,* P. LANZONI, 2ª ed., p. VII-370 3 —

Geografia fisica, di A. GEIKIE, trad. di A. STOPPANI, 3ª ediz., pag. IV-132, con 20 inc. 1 50
— *vedi* Alpi - Argentina - Atlante geografico - Cosmografia - Cristoforo Colombo - Cronologia scoperte geografiche - Dizionario alpino, geografico, dei comuni ital. - Esercizi geografici - Etnografia - Geologia - Mare - Prealpi bergamasche - Prontuario di geogr. - Statist. - Vulcanismo.

Geografia matematica — *vedi* Sfere cosmografiche.

Geologia, di A. GEIKIE, traduz. di A. STOPPANI, quarta ediz., riveduta sull'ultima edizione inglese da G. MERCALLI, pag. XII-176, con 47 inc. 1 50

Geologo (Il) **in campagna e nel laboratorio**, di L. SEGUENZA, di pag. XV-305, con inc. . . . . 3 —

Geometria analitica dello spazio, di F. ASCHIERI, pagine VI-196, con 11 inc. 1 50

Geometria analitica del piano, di F. ASCHIERI, pagine VI-194 con 12 inc. . . . . . . , ... 1 50

Geometria descrittiva, di F. ASCHIERI, pag. VI-222, con 108 inc., 2ª ediz. rifatta 1 50

Geometria elementare, (Complementi di) di C. ALASIA, di pag. XV-244 con 117 figure 1 50

Geometria e trigonometria della sfera, di C. ALASIA, pag. VIII-208, con 34 inc. 1 50

L. c.

Geometria metrica e trigonometria, di S. PINCHERLE, 6ª ediz., pag. IV-158, con 47 inc. 1 50
— *vedi* Trigonometria.

Geometria pratica, di G. EREDE, 4ª ediz. riveduta ed aumentata, pag. XVI-258, con 134 inc. . . . . . 2 —

Geometria projettiva del piano e della stella, di F. A-SCHIERI, 2ª ediz., pag. VI-228, con 86 inc. 1 50

Geometria projettiva dello spazio, di F. ASCHIERI, 2ª ediz. rifatta, pag. VI-264, con 16 inc. 1 50

Geometria pura elementare, di S. PINCHERLE, 6ª ediz. con l'aggiunta delle figure sferiche, p. VIII-176 con 121 inc. 1 50

Geometria elementare (Esercizi sulla), di S. PINCHERLE, pag. VIII-130, con 50 inc. 1 50

Geometria elementare (Problemi di) di, I. GHERSI, (Metodi facili per risolverli), con circa 200 problemi risolti, e 119 inc., di pag. XII-160 . . . . 1 50
— *vedi* Euclide emendato

Geometria dell'Operaio — *vedi* Aritmetica.

Ghiaccio — *vedi* Industria frigorifera.

Giardino (Il) **infantile,** di P. CONTI, pag. IV-213, 27 tav. 3 —

Ginnastica (Storia della), di F. VALLETTI, pag. VIII-184 1 50

Ginnastica femminile, di F. VALLETTI, pag. VI-112, 67 ill. 2 —

Ginnastica maschile (Manuale di), per cura di J. GELLI, pag. VIII-108, con 216 inc. . . . . 2 —
— *vedi anche* Acrobatica - Giuochi ginnastici.

Gioielleria, oreficeria, oro, argento e platino — *vedi* Orefice.
— *vedi anche* Leghe metall. - Metallurgia dell'oro - Metalli preziosi - Pietre preziose - Saggiatore - Tavole alligazione.

Giuochi — *vedi* Biliardo - Lawn-Tennis - Scacchi.

Giuochi ginnastici per la gioventù delle Scuole e del popolo, di F. GABRIELLI, pag. XX-218, con 24 tav. . . 2 50

Giuoco (Il) **del pallone e gli altri affini.** Giuoco del calcio (Foot-Ball), della palla a corda (Lawn-Tennis), della palla al muro (Pelota), della palla a maglio e dello sfratto, di G. FRANCESCHI, di pag. VIII-214, con 34 inc. 2 50

Giurato (Manuale per il), di A. SETTI, 2ª ediz. rifatta, di pag. XIV-246 . . . . 2 50

Giurisprudenza — *vedi* Avarie - Camera di consiglio - Codici - Conciliatore - Curatore fallimenti - Digesto - Diritto - Economia - Finanze - Enciclopedia amministrativa - Giurato - Giustizia amministrativa - Leggi - Legislazione - Mandato commerciale - Notaio - Ragioneria - Socialismo - Strade ferrate - Testamenti.

Giustizia amministrativa. Principî fondamentali. Competenze dei Tribunali ordinari, Competenza della IV Sezione del Consiglio di Stato e delle Giunte prov. amminist. e relativa procedura, di C. VITTA, p. XII-427 . 4 —

Glottologia, di G. DE GREGORIO, pag. XXXII-318 . . . 3 —

Glucosio — *vedi* Fecola - Zucchero

Gnomonica ossia l'arte di costruire orologi solari, lezioni popolari di B. M. LA LETA, pag. VIII-160, con 19 fig. 2 —

L. c.

Gobelins (*vedi* Arazzi).

Gomma elastica — *ved.* Imitazioni

Grafologia, di C. LOMBROSO, pag. v-245 e 470 facsimili. 3 50

Grammatica albanese con le poesie rare di Variboba, di V. LIBRANDI, pag. xvi-200 . . . . 3 —

Grammatica araba — *vedi* Arabo parlato.

Grammatica araldica — *v di* Araldica - Vocabol. araldico.

Grammatica ed esercizi pratici della lingua danese-norvegiana con un supplemento delle principali espressioni tecnico-nautiche, li G. FRISONI, pag. xx-488 . 4 50

Grammatica ed esercizi pratici della lingua ebraica, di I. LEVI fu ISACCO, pag. 192 . . . . 1 50

Grammatica francese, di G. PRAT, 2ª ediz. pag. xii-299 1 50

Grammatica e dizionario della lingua dei Galla (oromonica) di E. VITERBO: Vol. I. Galla-Italiano, p. viii-152 2 50
     Vol. II. Italiano-Galla, pag. lxiv-106 . . . . . 2 50

Grammatica gotica — *vedi* Lingua gotica.

Grammatica greca. (Nozioni elementari di lingua greca), di V. INAMA, 2ª ediz, pag. xvi-208 . . . . . . 1 50

Grammatica della lingua greca moderna, di R. LOVERA, (2ª ediz., in lavoro).

— *vedi anche* Dizionario.

Grammatica inglese, di L. PAVIA, 2ª ediz. di pag. xii-262 1 50

Grammatica italiana, di T. CONCARI, 2ª ed. pag. xvi-230 1 50

— *Vedi* Dialetti italici. - Figure grammaticali - Grammatica storica.

Grammatica latina, L. VALMAGGI, 2ª ediz., pag. viii-256 1 50

Grammatica Norvegiana — *vedi* Gramm. Danese.

Grammatica della lingua olandese, di M. MORGANA, di pag. viii-224 . . . . 3 —

Grammatica ed esercizi pratici della lingua portoghese-brasiliana, di G. FRISONI, pag xii-267 . . . . . 3 —

Grammatica e vocabolario della lingua rumena, di R. LOVERA, con l'aggiunta di un vocabolario delle voci più usate, 2ª ed., rived. e corretta, di p. x-183 . . 1 50

Grammatica russa, di VOINOVICH, di pag. x-272 . . . 3 —

Grammatica sanscrita — *vedi* Sanscrito.

Grammatica serbo-croata, di G. ANDROVIC (In lavoro).

Grammatica della lingua slovena. Esercizi e vocabolario di B. GUYON, di pag. xvi-314 . . . . 3 —

Grammatica spagnuola, di L. PAVIA, 2ª ediz. riveduta di pag. xii-194 . . . . 1 50

Grammatica della lingua svedese, di E. PAROLI, di pagine xv-293 . . . . 3 —

Grammatica storica della lingua e dei dialetti italiani di F. D'OVIDIO e G. MEYER-LÜBKE. Trad. sulla 2ª ediz. tedesca di E. POLCARI, di pag. xii-301 . . . 3 —

Grammatica tedesca, di L. PAVIA, 2ª ediz. di p. xviii-272 1 50

Grammatica del Tigrè — *vedi* Tigrè italiano.

Grammatica turca osmanli, con paradigmi, crestomazia,

L. c.

e glossario, di L. BONELLI, di pag. VIII-200 e 5 tavole 3 —

Grandine — *vedi* Assicurazioni.

Granturco — *vedi* Mais - Industria dei molini.

Gravitazione. Spiegazione elementare delle principali perturbazioni nel sistema solare, di Sir G. B. AIRY, traduzione di F. PORRO, con 50 inc., pag. XXII-176 . 1 50

Grecia antica — *vedi* Archeologia (Arte greca) - Atene - Mitologia greca - Monete greche - Storia antica.

Gruppi continui di trasformazioni (Parte generale della teoria), di E. PASCAL, di pag. XI-378 . . . . . . 3 —

Guida numismatica universale, cont. 6278 indirizzi e cenni storico-statistici di collez. pubbliche e private, di numismatici, di società e riviste numism., di incisioni, di monete e medaglie e di negoz. di monete e libri di numismatica, di F. GNECCHI. 4ª ediz., di p. XV-612. . 8 —

Guttaperca — *vedi* Imitazioni.

Humus (L'), **la fertilità e l'igiene dei terreni culturali**, di A. CASALI, pag. XVI-210 . . . . 2 —

Idraulica, di T. PERDONI (E' in lavoro la 2ª ediz.).
— *vedi* Consorzi di difesa del suolo

Idrografia — *vedi* Fotogrammetria.

Idroterapia, di G. GIBELLI, pag. IV-238, con 30 inc. . 2 —
— *vedi anche* Acque minerali e termali del Regno d'Italia.

Igiene dell'alimentazione — *vedi* Bromatologia.

Igiene della bocca e dei denti, nozioni elementari di Odontologia, di L. COULLIAUX, di pag. XVI-330 e 23 inc. 2 50

Igiene del lavoro, di TRAMBUSTI A. e SANARELLI G., di pag. VIII-262, con 70 inc. 2 50

Igiene della mente e dello studio, di G. ANTONELLI, di pag. XXIII-410 . . . . , ... 3 50

Igiene della pelle, di A. BELLINI, di pag. XVI-240, 7 inc. 2 —

Igiene privata e medicina popolare ad uso delle famiglie, di C. BOCK, 2ª ed. ital. di G. GALLI, di p. XVI-272 2 50

Igiene rurale, di A. CARRAROLI, pag. X-470 . . . . 3 —

Igiene scolastica di A. REPOSSI, 2ª ediz., pag. IV-246. 2 —

Igiene del sonno. di G. ANTONELLI, di p. VI-224 con 1 tav. 2 50

Igiene veterinaria, di U. BARPI, di pag. VIII-228. . . 2 —

Igiene della vista sotto il rispetto scolastico, di A. Lo-MONACO, di pag. XII-272 . . . . 2 50

Igiene della vita pubblica e privata, G. FARALLI. p. XII-250 2 50

Igienista, (Man. pratico dell') per uso degli Ufficiali sanitari, degli aspiranti ad uffici nell'ammin. sanitaria dello stato e dei comuni. d. allievi dei corsi complementari d'igiene e degli studenti di medicina, farmacia e veter., dei Dott. C. TONZIG e G. Q. RUATA con prefaz. del Prof. A. SERAFINI, di pag. XII-374, 243 inc. 5 —

Igroscopi, igrometri, umidità atmosferica, di P. CANTONI, pag. XII-142, con 24 inc. e 7 tabelle 1 50

Illuminazione — *vedi* Acetilene - Gaz illum. - Incandescenza

Illuminazione elettrica (Impianti di), Manuale pratico

L. c.

di E. PIAZZOLI, 5ª ediz. interamente rifatta, (9-11 migliaio) seguita da un'appendice contenente la legislazione Ital. relativa agli impianti elettr., di pag. 606, con 264 inc., 90 tab. e 2 tav. (è in lavoro la 6ª ediz.)

Imbalsamatore — *vedi* Naturalista preparatore - Naturalista viaggiatore - Zoologia.

Imbianchimento — *vedi* Industria tintoria - Ricettario industriale.

Imenotteri, Neurotteri, Pseudoneurotteri, Ortotteri e Rincoti italiani, di E. GRIFFINI (Entomologia IV), di pag. XVI-687, con 243 inc. 4 50

Imitazione di Cristo (Della), Libri quattro di GIO. GERSENIO, volgarizzamento di CESARE GUASTI, con proemio e note di G. M. ZAMPINI, pag. LVI-396 . . . . 3 50

Imitazioni e succedanei nei grandi e piccoli prodotti industriali. Pietre e materiali da costruz. Materiali refrattari, Carborundum, Amianto, Pietre e metalli preziosi, Galvanoplastica, Cuoio, Seta e fibre tessili, Paste da carta, Materie plastiche, Gomma elastica e Guttaperca, Avorio, Corno, Ambra, Madreperla, Celluloide, ecc. di I. GHERSI, di pag. XVI-591, con 90 inc. 6 50

Immunità e resistenza alle malattie, di A. GALLI VALERIO, pag. VIII-218 . . . . 1 50

Impalcature — *vedi* Costruzioni.

Impiego ipodermico (L') **e la dosatura dei rimedi,** Manuale di terapeutica di G. MALACRIDA, pag. 305 . . 3 —

Imposte dirette (Riscos. delle), di E. BRUNI, p. VIII-158 . 1 50

Incandescenza a gas. (Fabbricazione delle reticelle) di L. CASTELLANI, pag. X-140, con 33 inc. . . . . . 2 —

Inchiostri — *vedi* Ricettario industriale - Vernici ecc.

Incisioni — *vedi* Amatore d'oggetti d'arte - Raccoglitore di oggetti minuti.

Indovinelli — *vedi* Enimmistica

Industria (L') **frigorifera** di P. ULIVI. Nozioni fondamentali, macchine frigorifere, raffreddamento dell'aria, ghiaccio artificiale e naturale, dati e calcoli numerici, nozioni di fisica e cenni sulla liquefazione dell'aria e dei gaz, di pag. XII-168, 36 fig. e 16 tab. 2 —

Industria tintoria, di M. PRATO. — I. Imbianchimento e Tintura della Paglia; — II. Sgrassatura e imbianchimento della Lana; — III. Tintura e stampa del Cotone in indaco; — IV. Tintura e stampa del Cotone in colori azoici. di pag. XXI-292, con 7 inc. . . 3 —

Industrie elettrochimiche — *vedi* Distillazione del legno.

Industrie Grafiche — *v.* Arti Grafiche - Litografia - Tipografia.

Industrie (Piccole). Scuole e musei industriali - Industrie agricole e rurali - Industrie manifatturiere ed artistiche, di I. GHERSI, di pag. XII-372 . . . . . 3 50

Infanzia — *vedi* Rachitide - Malattie dell' - Giardino infantile - Nutrizione - Ortofrenia - Posologia della terapia infantile - Sordomuto.

L. c.

Infermieri (Istruzioni per gli) *vedi* Assistenza.

Infezione — *vedi* Disinfezione - Medicatura antisettica.

Infortuni della montagna (Gli). Manuale pratico degli Alpinisti, delle guide e dei portatori, di O. BERNHARD, trad. di R. CURTI, di p. XVIII-60, con 65 tav. e 175 figure. 3 50

Infortuni sul lavoro (Mezzi tecnici per prevenirli), di E. MAGRINI, di pag. XXXII-252, con 257 inc. . . . . 3 —
— *vedi anche* Legge per gli.

Ingegnere agronomo — *v.* Agricoltore (Pront. dell') - Agronom.

Ingegnere civile. Manuale dell'ingegnere civile è industriale, di G. COLOMBO, 23ª ediz. e aumentata (61° al 63° migliaio), con 231 fig. e una tav., di p. XII-452 . . 5 50
    Il medesimo tradotto in francese da P. MARCILLAC 5 50
— *vedi* Costruzioni.

Ingegnere elettricista, di A. MARRO, di pag. XV-689 con 192 inc. e 115 tabelle. 7 50

Ingegnere navale, di A. CIGNONI, di p. XXXII-292, con 36 fig. 5 50

Ingegnere rurale — *vedi* (Prontuario dell') - Agricoltore.

Ingegneria legale — *vedi* Codice dell'Ingegnere.

Inghilterra — *vedi* Storia d'Inghilterra.

Insegnamento (L') dell'italiano nelle Scuole secondarie, di C. TRABALZA, di pag. XVI-254 . . . . . . 1 50

Insegnamento d. Letteratura — *vedi* Letteratura.

Insetti nocivi, di F. FRANCESCHINI, p. VIII-264, con 96 inc. 2 —

Insetti utili, di F. FRANCESCHINI, di pag. XII-160, con 42 inc. e 1 tavola . . . . 2 —

Interesse e sconto, di E. GAGLIARDI, 2ª ediz. rifatta e aumentata, pag. VIII-198. . . . . 2 —

numazioni — *vedi* Morte vera.

Ipnotismo — *vedi* Magnetismo - Occultismo - Spiritismo - Telepatia.

Ipoteche (Man. per le) di A. RABBENO, di pag. XVI-247 1 50

Islamismo (L'), di I. PIZZI, di pag. VIII-494. . . . . 3 —

Ittiologia italiana, di A. GRIFFINI, con 244 inc. Descriz. dei pesci di mare e d'acqua dolce, di pag. XVIII-469 4 50
— *vedi anche* Piscicoltura - Ostricoltura.

Lacche — *vedi* Vernici ecc.

Lanterna magica — *vedi* Cinematografo.

Laringologia — *v.* Malattie dell'orecchio, del naso e della gola.

Latte, burro e cacio. Chimica analitica applicata al caseificio, di G. SARTORI, pag. X-162, con 24 inc. . . 2 —

Lavori femminili — *vedi* Abiti per Signora - Biancheria - Macchine da cucire - Monogrammi - Trine a fuselli.

Lavori marittimi ed impianti portuali, di F. BASTIANI, di pag. XXIII-424, con 209 figure 6 50

Lavori pubblici — *vedi* Leggi sui lavori pubblici.

Lavori in terra (Man. di), di B. LEONI, p. XI-305 con 38 inc. 3 —

Lavoro (Il) delle donne e dei fanciulli. Nuova legge e regol. 19 giugno 1902 - 28 febbraio 1903. Testo, atti parlam. e commento, per cura di E. NOSEDA di pag. XV-174 . 1 50

Lawn-Tennis, di V. BADDELEY, prima traduz. italiana con note e aggiunte del trad. pag. XXX-206 con 13 ill. 2 50

L. c.

L. c.

Letteratura greca, di V. INAMA. 15ª ediz. riveduta (dal 56° al 61° migliaio), pag. VIII-236 e una tavola . . 1 50
Letteratura indiana, di A. DE GUBERNATIS, p. VIII-159 1 50
Letteratura inglese, di E. SOLAZZI, 2ª ed. di p. VIII-194 1 50
Letteratura italiana, di C. FENINI, dalle origini al 1748 5ª ed. complet. rifatta da V. FERRARI, p. XVI-291 . 1 50
Letteratura italiana moderna (1748-1870). Aggiunti 2 quadri sinottici della letteratura contemporanea (1870-1901), di V. FERRARI, pag. 290 . . . . 1 50
Letteratura italiana moderna e contemporanea 1748-1903. di V. FERRARI, di pag. VIII-429 . . . . . 3 —
Letteratura italiana (Insegnamento pratico della) di A. DE GUARINONI, ad uso delle Scuole medie e degli studiosi di lingua italiana, di pag. XIX-386 . . . . 3 —
Letteratura militare (Nozioni di) compilate secondo i programmi del Minist. della Guerra, da E. MARANESI, di pag. VIII-224 . . . . 1 50
Letteratura latina — *vedi* Letteratura romana.
Letteratura norvegiana, di S. CONSOLI, p. XVI-272 . . 1 50
Letteratura persiana, di I. PIZZI, pag. X-208 . . . . 1 50
Letteratura provenzale, di A. RESTORI, pag. X-220. . 1 50
Letteratura romana, di F. RAMORINO, 7ª ediz. corretta (dal 28° al 32° migliaio), di pag. VIII-349 . . . . . 1 50
Letteratura rumena di R. LOVERA (in lavoro).
Letteratura spagnuola, di B. SANVISENTI, di pagine XVI-202 . . . . 1 50
Letteratura tedesca, di O. LANGE, 3ª ediz. rifatta da R. MINUTTI, pag. XVI-188 . . . . 1 50
Letteratura ungherese, di ZIGANY ARPÀD, p. XII-295 . 1 50
Letteratura universale (Compendio di) di P. PARISI, di pag. VIII-391 . . . . 3 —
Letteratura — *vedi anche* Arabo parlato - Arte del dire - Corrispondenza - Conversazione - Crittografia - Dantologia - Dialetti - Dizionari - Dottrina - Enciclopedia - Esercizi - Filologia - Fonologia - Fraseologia - Glottologia - Grammatiche - Leggende - Lingua - Metrica dei greci e rom. - Morfologia greca - Id. italiana - Omero - Ortoepia e ortografia - Paleografia - Relig. e ling. di India Rettorica - Ritmica italiana - Sanscrito - Shakespeare - Sintassi francese - Sintassi latina - Stilistica - Stilistica latina - Tigrè - Traduttore - tedesco - Verbi greci - Verbi latini - Vocabol. russo - Volapuk.
Letterature slave, di D. CIÀMPOLI. 2 volumi:
I. Bulgari, Serbo-Croati. Yugo-Russi, pag. IV-144 . 1 50
II. Russi, Polacchi, Boemi, pag. IV-142 . . . . . 1 50
Levatrice — *vedi* Ostetricia.
Limnologia di G. MAGRINI (In lavoro).
Limoni — *vedi* Agrumi.
Lingua araba — *vedi* Arabo parlato - Dizionario eritreo Grammatica Galla - Lingue dell'Africa - Tigrè.
Lingua giapponese parlata Elementi grammaticali e

L. c.

glossario di F. MAGNASCO, di pag, XVI-110 . . . . 2 —

Lingua cinese pariata. Elementi grammaticali e glossario di F. MAGNASCO, di pag. XVI-114 . . . . . 2 —

Lingua gotica, grammatica, esercizi, testi, vocabolario comparato con ispecial riguardo al tedesco, inglese, latino e greco, di S. FRIEDMANN, pag. XVI-333 . . 3 —

Lingua greca — *vedi* Dialetti - Dizionario - Esercizi - Filologia - Florilegio - Grammatica - Letteratura - Morfologia - Verbi.

Lingua dell' Africa, di R. CUST, versione italiana di A. DE GUBERNATIS, di pag. IV-110 . . . . 1 50

Lingua persiana, di D. ARGENTIERI. Grammatica, crestomazia, glossario. (In lavoro).

Lingua latina — *vedi* Dizionario di abbreviature latine - Epigrafia - Esercizi - Filologia classica - Fonologia - Grammatica - Letteratura romana - Metrica - Verbi.

Lingue Germaniche — *vedi* Grammatica danese-norvegiana, inglese. olandese, tedesca, svedese.

Lingua Russa (Manualetto della) con la pronunzia figurata di P. G. SPERANDEO, contenente la grammatica e gli esercizi, oltre 3000 vocaboli della lingua parlata, con le flessioni irregolari, una scelta di prose e di poesie, un frasario. 2ª ediz. di pag. IX-274 . . 4 —

Lingua turca osmanli — *vedi* Grammatica.

Lingue neo-latine, di E. GORRA, di pag. 147 . . . . 1 50

Lingue straniere (Studio delle), di C. MARCEL, ossia l'arte di pensare in una lingua straniera, traduzione di G. DAMIANI, di pag. XVI-136 . . . . 1 50

Linguistica — *vedi* Grammatica storica della lingua e dei dialetti italiani - Figure (Le) grammaticali.

Linoleum — *vedi* Imitazioni.

Liquidatore di sinistri marittimi - *vedi* Avarie e sinistri maritt.

Liquorista (Manuale del), di A. ROSSI, con 1450 ricette pratiche, 2ª ediz. con modificazioni ed aggiunte a cura di A. CASTOLDI, di pag. XVI-682 con figure . . 6 50

Litografia, di C. DOYEN, di pag. VIII-261, con 8 tavole e 40 figure di attrezzi, ecc. occorrenti al litografo . 4 —

Liuto — *vedi* Chitarra - Mandolinista - Strumenti ad arco - Violino - Violoncello.

Locomobili (Manuale pei conduttori di) con appendice sulle trebbiatrici, di L. CEI. 2ª ediz., di pag. XII-314, con 147 incis. e 32 tabelle 2 50

— *vedi* Automobili - Macchinista - Trazione a vapore.

Logaritmi (Tavole di), con 6 decimali, di O. MULLER, 9ª ediz. aumentata dalle tavole dei logaritmi d'addizione e sottrazione per cura di M. RAINA, di pagine XXXVI-191. (14, 15, 16° migliaio) 1 50

Logica, di W. STANLEY JEVONS, traduz. di C. CANTONI, 5ª ediz. di pag. VIII-166, con 15 inc. 1 50

Logica matematica, di C. BURALI-FORTI, p. VI-158 . 1 50

Logismografia, di C. CHIESA. 3ª ediz., pag. XIV-172 . 1 50

L. c.

Logogrifi — *vedi* Enimmistica.

Lotta — *vedi* Pugilato.

Luce e colori, di G. BELLOTTI, pag. x-157, con 24 inc. 1 50

Luce e suono, di E. JONES, traduzione di U. FORNARI, di pag. VIII-336, con 121 inc. . . . . 3 —

Luce e salute. Fototerapia e radioterapia, di A. BELLINI, di pag. XII-362, con 65 figure 3 50

Lupino — *vedi* Fecola.

Lupus — *vedi* Luce e salute.

Macchine (Atlante di) e di Caldaie, con testo e note di tecnologia, di S. DINARO di pag. xv-80, con 112 tavole e 170 figure in iscala ridotta . . . . 3 —

Macchine (Il Montatore di). Opera arricc, da oltre 250 es. pratici e problemi risolti, di S. DINARO, pag. XII-468 4 —

Macchine agricole — *vedi* Meccanica agraria.

Macchine a vapore (Manuale del costruttore di), di H. HAEDER. 2ª edizione italiana con notevoli aggiunte di E. WEBBER (In lavoro).

Macchine per cucire e ricamare, di A. GALASSINI, pag. VII-230, con 100 inc. 2 50

Macchinista e fuochista, di G. GAUTERO, riveduto e ampliato da L. LORIA, 10ª ediz. con Appendice sulle locomobili e le locomotive e del Regolamento sulle caldaie a vapore di pag. xx-194, con 34 inc. . . . 2 —

Macinazione — *vedi* Industrie dei molini - Panificazione.

Magnetismo ed elettricità. Principi e applicazioni esposti elementarmente, di F. GRASSI, 3ª ediz. di pag. XVI-508, con 280 figure 6 tavole 5 50

Magnetismo e ipnotismo, di G. BELFIORE, 2ª ed. rifatta pag. VIII-396 . . . . 3 50

Maiale (Il). Razze, metodi di riproduzione, di allevamento, ingrassamento, commercio, salumeria, patologia suina e terapeutica, tecnica operatoria, tossicologia, dizionario suino-tecnico, di E. MARCHI, 2ª ed. pag. xx-736, con 190 inc. e una Carta 6 50

Maioliche e porcellane (L'amatore di), di L. DE MAURI, illustrato da 3000 marche e da 12 tavole a colori. Contiene: Tecnica della fabbricazione - Cenni storici ed artistici - Dizionario di termini — Prezzi correnti - Bibliografia ceramica, pag. XII-650 . . . . 12 50

Mais (Il) o granoturco, o formentone, o granone, o melgone, o melica, o melicotto, o carlone, o polenta, ecc. Norme per una buona coltivazione, di E. AZIMONTI, 2ª ediz. di pag. XII-196, con 61 inc. nel testo. . . 2 50

Malaria (La) e le risaie in Italia, G. ERCOLANI, p. VIII-203 2 —

Malattie dell'infanzia (Terapia delle), di G. CATTANEO, di pag. XII-506 . . . . 4 —

— *v.* Baibuzie - Nutr. del bambino - Ortofrenia - Rachitide.

Malattie infettive (Profilassi delle) degli animali, di U. FERRETTI, di pag. xx-582 . . . . 4 50

L. c.

Malattie dell'orecchio, del naso e della gola (Oto-rino-laringoiātria) di T. MANCIOLI, di pag. XXIII-540, 98. inc. 5 50

Malattie dei paesi caldi, loro profilassi ed igiene con un' appendice « La vita nel Brasile » - Regolamenti di sanità pubblica contro le infezioni esotiche; di C. MUZIO, pag. XII-562, con 154 inc. e 11 tavole . . . 7 50

Malattie crittogamiche delle piante erbacee coltivate. di R. WOLF, traduz. con note ed aggiunte di P. BACCARINI, pag. X-268, con 50 inc.. . . . . . . 2 —

Malattie ed alterazione dei vini, di S. CETTOLINI, di pag. XI-138, con 13 inc.. . . . . 2 —

Malattie (Resistenza alle) — *vedi* Immunilà.

Malattie della pelle — *vedi* (Igiene delle)

Malattie del sangue. Manuale d'Ematologia, di E. RE- BUSCHINI, di pag. VIII-432 . . . . 3 50

Malattie sessuali, di G. FRANCESCHINI, di pag. XV-216 2 50

Malattie della vite — *vedi* Fillossera - Malattie crittogam.

Mammiferi — *vedi* Zoologia.

Mandarini — *vedi* Agrumi

Mandato commerciale, di E. Vidari, pag. VI-160 . . . 1 50

Mandolinista (Manuale del), di A. PISANI, pag. XX-140, con 13 figure, 3 tavole e 39 esempi . . . . . 2 —

Manicomio — *vedi* Assistenza pazzi - Psichiatria

Manzoni Alessandro. Cenni biografici di L. BELTRAMI, di pag. 109, con 9 autografi e 68 inc.. . . . . . 1 50

Marche di fabbrica — *vedi* Amatore oggetti d'arte - Leggi sulle proprietà - Maioliche

Mare (Il), di V. BELLIO, pag. IV-140, con 6 tav. lit. a col. 1 50

Marine (Le) da guerra del mondo al 1897, di L. D'ADDA, pag. XVI-320, con 77 illustr. 4 50

Marino (Manuale del) **militare e mercantile,** del Contr'ammiraglio DE AMEZAGA, con 18 xilografie, 2ª ediz., con appendice di BUCCI DI SANTAFIORA . . 5 —

Marmista (Man. del), A. RICCI, 2ª ed., p. XII-154, 47 inc. 2 —

Marmo — *vedi* Imitazioni.

Massaggio, di R. MAINONI, pag. XII-179, con 51 inc. . 2 —

Mastici — *vedi* Ricettario industriale - Vernici ecc.

Matematica attuariale, Storia, Statistica delle mortalità, Matemat. delle Assicur. s. vita, U. BROGGI, p. XV-347 3 50

Matematica (Complementi di) ad uso dei chimici e dei naturalisti, di G. VIVANTI, di pag. X-381. . . . 3 —

Matematiche — *vedi* Algebra - Aritmetica - Astronomia - Calcolo - Celerimensura - Compensazione errori - Computisteria - Conti e calcoli fatti - Cubatura legnami ecc.

Matematiche superiori (Repertorio di), Definizioni, formole, teoremi, cenni bibliografici, di E. PASCAL.

Vol. I. *Analisi,* pag. XVI-642 . . . . 6 —

Vol. II. *Geometria,* e indice per i 2 vol. pag. 950 9 50

Materia medica moderna (Man di), di G. MALACRIDA, pag. XI-761 . . . . 7 50

L c.

Mattoni e pietre di sabbia e calce (Arenoliti) in relazione specialmente al processo di indurimento a vapore sotto alta pressione, di E. STOFFLER e M. GLASENAPP. Ediz. italiana con note ed aggiunte di G. REVERE, di pag. VIII-232, con 85 figure e 3 tavole . 3 —
— *vedi* Calcestruzzo - Calci e cementi - Imitazioni.

Meccanica, di R. STAWELL BALL traduz. di J. BENETTI 4ª ed. pag XVI-214, con 89 inc. 1 50

Meccanica agraria di V. NICCOLI.

   Vol. I. *Lavorazione del terreno.* I lavori del terreno. - Strumenti a mano per la lavorazione delle terre - Dell'aratro e delle arature - Strumenti per lavori di maturamento e di colturamento - Trazione funicolare e meccanica - Strumenti da tiro per i trasporti, di pag. XII-410, con 257 inc. . . 4 —

   Vol. II. *Dal seminare al compiere la prima manipolazione dei prodotti.* Macchine e strumenti per seminare e concimare - Per il sollevamento delle acque - Per la raccolta dei prodotti - Per la conservazione e preparazione dei foraggi - Per trebbiare - Sgranare - Pulire - Dicanapulare e per la conservazione dei prodotti agrari, di pag. XII-426, con 175 incis. . . . . 4 —

Meccanica (La) del macchinista di bordo, per gli ufficiali macchinisti della R. Marina, i Costruttori e i Periti meccanici, gli Allievi degli Istituti Tecnici e Nautici, ecc. di E. GIORLI, con 92 figure 2 50

Meccanica razionale di R. MARCOLONGO.

   I. Cinematica-Statica, di pag. XII-271. 3 inc. . . 3 —

   II. Dinamica, Principi di Idromecc., di p. VI-324, 24 inc. 3 —

Meccanico (Il), ad uso dei capi tecnici, macchinisti, elettric., disegnat., assist., capi operai, condutt. di cald. a vap., scuole ind., e macchinisti ferrovie, capimeccanici, ecc. di E. GIORLI, 5ª ediz. ampliata, con 377 inc. 4 50

Meccanismi (500), scelti fra i più import. e recenti riferentisi alla dinamica, idraul., idrostat., pneumat., di T. BROWN, trad. F. CERRUTI. 4ª ed. ital., VIII-176, 500 inc. 2 50

Medicamenti — *vedi* Farmacista - Farmacoter. - Impiego ipodermico - Materia medica - Medicat. antis. - Posologia - Sieroterapia.

Medicatura antisettica, di A. ZAMBLER, con prefazione di E. TRICOMI, pag. XVI-124, con 6 incis. 1 50

Medicina legale, di M. CARRARA (In lavoro).

Medico pratico, (Il) di C. MUZIO. 3ª ediz. del Nuovo memoriale pei medici pratici, di pag. XVI-492 . . . 5 —

Memoria (L'arte della) — *vedi* Arte.

Mercedi — *vedi* Paga giornaliera

Merceologia tecnica, P. E. ALESSANDRI: Vol. I. Materie prime (gregge e semilavorate) di uso commerciale e

L. c.

industriale, di pag. xi-530 con 142 tavole e 93 inc. . 6 —
— Vol. II. Prodotti chimici (In lavoro).

Merciologia, ad uso delle scuole e degli agenti di commercio, di O. LUXARDO, pag. xii-452 . . . . 4 —
— *vedi* Analisi volumetrica - Chimica applicata all'igiene.

Meridiane — *vedi* Gnomonica.

Metalli preziosi, di A. LINONE. Dell'argento : Metallurgia dell'arg. - Arg. puro - Leghe d'arg. - Saggi dell'arg. Dell'oro : Giacimento dell'oro - Affinamento dell'oro.- Leghe d'oro - Saggi dell'oro. - Platino : estraz. e leghe di platino - Applicaz. dell'oro e dell'argento - Decorazione dei metalli preziosi, di pag. xi-315 . 3 —

Metallizzazione — *vedi* Galvanizzazione - Galvanoplastica Galvanostegia.

Metallocromia. Color. e decor. chim. ed elettr. dei metalli, bronz., ossid., preserv. e pul., I. GHERSI. viii-192 2 50

Metallurgia dell'oro, E. CORTESE, pag. xv-262. con 35 inc. 3 —
Metallurgia — *vedi* Coltivazione delle miniere - Fonditore - Leghe metalliche - Ricettario di metallurgia - Siderurgia - Tempera e cementazione.

Meteorologia generale, di L. DE MARCHI, 2ª ediz. ampliata di pag. xv-225, con 13 figure e 6 tavole . . 1 50
— *vedi* anche Climatologia - Igroscopi.

Metrica dei greci e dei romani, di L. MÜLLER, 2ª ed. italiana confrontata colla 2ª tedesca ed annotata da G. CLERICO, pag. xvi-186 . . . . 1 50

Metrica italiana — *vedi* Ritmica e metrica italiana.

Metrologia Universale ed il **Codice Metrico Internazionale,** coll'indice alfabet. di tutti i pesi misure, monete, ecc. di A. TACCHINI, pag. xx-482 . . . . 6 50

Mezzeria (Man. prat. della) e dei vari sistemi della colonia parziaria in Italia di A. RABBENO, di pag. viii-196 1 50

Micologia - *vedi* Funghi - Malattie crittog Turum e funghi.

Microbiologia. Perchè e come dobbiamo difenderci dai microbi. Malattie infettive. Disinfezioni, Profilassi, di L. PIZZINI, pag. viii-142. . . . . 2 —

Microscopia — *vedi* Anatomia microscopica - Animali parassiti - Bacologia - Batteriologia - Chimica clinica - Protistologia - Tecnica protistologica.

Microscopio (Il), Guida elementare alle osservazioni di microscopia, di C. ACQUA, (esaurito la 2ª ed. è in lavoro)

Mimica — *vedi* Fisionomia.

Mineralogia descrittiva, di L. BOMBICCI, 2ª ediz., di pag. iv-300, con 119 incis. . . . . 3 —

Mineralogia generale, di L. BOMBICCI, 3ª ed. per cura di P. VINASSA de REGNY, con 193 figure e due tavole a colori, di pag. xvi-220 . . . . 1 50

Miniere (Coltiv. delle), di S. BERTOGLIO, 2ª ed. rifatta del Man. « *Arte Min.* » di V. ZOPPETTI, di p. viii-284 2 50

Miniere di zolfo — *vedi* Zolfo.

Misurazione delle botti — *vedi* Enologia.

L. c.

Misure — *vedi* Avarie e sinistri marittimi - Codice del Perito misuratore - Metrologia - Monete - Strum. metrici.

Mitilicoltura — *vedi* Ostricoltura - Piscicoltura.

Mitologia (Dizionario di), di F. RAMORINO. (In lavoro).

Mitologia classica illustr., di F. RAMORINO, 2ª edizione corretta e accresciuta di pagine VII-338, con 91 inc. **3 —**

Mitologia greca, di A. FORESTI : 1. *Divinità*, p. VIII-284 **1 50**
    II. *Eroi*, di pag. 188 . . . . **1 50**

Mitologie orientali, di D. BASSI :
    Vol. I. *Mitologia babilonese-assira*, pag. XVI-219 . **1 50**

Mnemotecnia — *vedi* Arte della memoria.

Mobili artistici — *vedi* Amatore d'oggetti d'arte.

Moda – *vedi* Abiti - Biancheria - Fiori artificiali - Trine.

Modellatore meccanico, falegname ed ebanista, di G. MINA, pag. XVII-428, con 293 incis. e 1 tavola. . **5 50**

Molini (L'Industria dei). Costruz., impianti, macinaz., di C. SIBER-MILLOT, 2ª ed. rif., p. XVII-296, 161 inc., 3 tav. **5 —**

Monete greche, S. AMBROSOLI, XIV-286, 200 fotoinc., 2 c. g. **3 —**

Monete papali moderne, di S. AMBROSOLI, in sussidio del CINAGLI, di pag. XII-131, 200 fotoinc. . . . **2 50**

Monete (Prontuario delle), **pesi e misure inglesi**, ragguagliate a quelle del sistema decimale, di I. GHERSI, di pag. XII-196, con 47 tabelle di conti fatti e 40 facsimili delle monete in corso **3 50**
  — *vedi anche* Avarie e sinistri marittimi.

Monete romane, di F. GNECCHI, 2ª ediz. ampliata, di pagine XXVII-370, con 25 tavole e 90 figure . . . . **3 —**

Monogrammi, di A. SEVERI, 73 tavole divise in tre serie di due e di tre cifre **3 50**

Montatore di macchine — *vedi* Macchine.

Morfologia generale — *vedi* Embriologia.

Morfologia greca. di V. BETTEI, pag. XX-376 . . . . **3 —**

Morfologia italiana, di E. GORRA, pag. VI-142. . . . **1 50**

Morte (La) **vera e la morte apparente**, con appendice « *La legislazione mortuaria* » di F. DELL'ACQUA, di pag. VIII-136 . . . . **2 —**

Mosti (Densità dei), dei vini e degli spiriti ed i problemi che ne dipendono, ad uso degli enochimici, di E. DE CILLIS, di pag. XVI-230, con fig. e 46 tav. **2 —**

Motori a gas. Manuale teorico pratico dei motori a gas di carbone fossile - Acetilene - Petrolio - Alcool, con Monografie dei gazogeni per gaz d'acqua - Gaz povero - Gaz Richè, Gaz degli alti forni, Gaz Dowson, Gaz Strache, Gaz Delwich-Fleischer, Gaz Strong, Gaz Jonkers, Gaz d'aria, Gaz Siemens, Gaz Otto, ecc. - Gazogeni ad aspirazione Benier, Taylor, Lencauchez Pierson, Winterthur. ecc. - Gazogeni a combustione rovesciata Gasogeni antoriduttori - Carburatori, ecc. di V. CALZAVARA, di pag. XXXI-423, con 160 incisioni. **4 50**

Motori ad esplosione a gas luce e gas povero. Manuale pratico di F. LAURENTI, pag. XII-361 con 162 inc. . **4 50**

Motociclista (Man. del), di P. BORRINO. Guida pratica

L. c.

pei dilett. di motocicletta, di p. xi-124, con 38 inc. **2 —**
— *vedi* Automobilista - Ciclista.

Mull — *vedi* Razze bovine, ecc.

Municipalizzazione dei servizi pubblici. Legge e regolamento riguardanti l'assunzione diretta dei servizi municipali con note illustr. di C. MEZZANOTTE, p. xx-324 **3 —**

Musei — *vedi* Amatore oggetti d'arte e curiosità - Amatore majoliche e porcellane - Armi antiche - Pittura - Raccoglitore - Scoltura.

Musica. Espressione e interpretazione di G. MAGRINI. Approv. d. R. Conservatorio di Torino, di pag. VIII-119, con 238 incis. . . . . **2 —**

Musica (Man. di) teorico pratico per le famiglie e per le scuole ad uso degli insegnanti e degli alunni (Musica, strumenti musicali, Acustica, Teoria, Armonia, Canto, Pianoforte, Storia, Terminologia della musica, di G. MAGRINI. 1907, di pag. xii-414 . . . . . . **4 —**
— *vedi* Armonia - Arte e tecnica del canto - Ballo - Cantante - Canto - Chitarra - Contrappunto - Mando.inista - Pianista - Psicologia musicale - Semiografia musicale - Storia della musica - Strumentazione - Strumenti ad arco - Violoncello - Violino e violinisti.

Mutuo soccorso — *vedi* Società mutuo soccorso.

Napoleone I°. di L. CAPPELLETTI, 23 fot. p. xx-272. **2 50**

Naso (Malattie del) *vedi* Oto-rino-laringojatria.

Naturalista preparatore (Il) (Imbalsamatore) di R. GESTRO, 3ª ediz. riveduta di pag. xvi-168, con 42 inc. **2 —**

Naturalista viaggiatore, di A. ISSEL e R. GESTRO (Zoologia), di pag. viii-144, con 38 inc. . . . . . **2 —**

Nautica — *vedi* Astronomia nautica - Attrezzatura navale - Avarie e sinistri marittimi - Canottaggio - Codice di marina - Costruttore navale - Disegno e costruzione navi - Doveri macchinista navale - Filonauta - Flotte moderne - Ingegnere navale - Lavori marittimi - Macchinista navale - Marine da guerra - Marino - Meccanica di bordo.

Nautica stimata o Navigazione piana, di F. TAMI, di pag. xxxii-179. con 47 inc.. . . . . **2 50**

Neurotteri — *vedi* Imenotteri.

Nevrastenia di L. CAPPELLETTI, di pag. xx-490 . . . **4 —**

Nichelatura — *vedi* Galvanostegia.

Notaio (Manuale del), aggiunte le Tasse di registro, di bollo ed ipotecarie, norme e moduli pel Debito pubblico, di A. GARETTI, 5ª ediz. ampliata di p. viii-383 . **3 50**

Numeri — *vedi* Teoria dei numeri.

Numismatica. Atlante numismatico italiano, Monete moderne di S. AMBROSOLI, p. xvi-428, 1746 fotoinc. . . . **8 50**

Numismatica (Manuale di), di S. AMBROSOLI, 3ª ediz. riveduta, pag. xvi-250, 250 fotoinc. e 4 tavole . . . **1 50**
— *vedi* Atene - Guida numismatica - Monete greche, papali, romane Vocab. numismatico.

Nuotatore (Manuale del), di P. ABBO, p. xii-148, con 97 inc. **2 50**

Nutrizione del bambino. Allattamento naturale ed artifi-

L. c

ciale, di L. COLOMBO, pag. xx-228, con 12 inc. . . **2 50**

Oceanografia, di G. MAGRINI (In lavoro).

Occultismo, di N. LICÒ, di pag. xvi-328, con tav. illustr. **3 —**
— *vedi* Chiromanz. - Magnetismo - Spiritismo - Telepatia.

Oculistica — *vedi* Igiene della vista - Ottica.

Odontologia — *vedi* Igiene della bocca.

Olandese (lingua) — *vedi* Dizionario - Grammatica.

Olii vegetali, animali e minerali, di G. GORINI, 2ª ediz.
rifatta da G. FABRIS, di pag. viii-214, con 7 incis. **2 —**

Olivo ed olio. Coltivazione dell'olivo, estrazione, purifi-
cazione e conservazione dell'olio, di A. ALOI, 5ª ed.
accresciuta e rinnovata, di p. xvi-365, con 65 inc. . **3 —**

Omero, di W. GLADSTONE, traduzione di R. PALUMBO,
e C. FIORILLI, di pag. xii-196 . . . . **1 50**

Onde Hertziane — *vedi* Telegrafo senza fili.

Operaio (Manuale dell'). Raccolta di cognizioni utili ed
indispensabili agli operai tornitori, fabbri, calderai,
fonditori di metalli, bronzisti aggiustatori e meccanici, di G. BELLUOMINI, 6ª ediz. di p. xvi-272. . . **2 —**

Operaio elettrotecnico (Manuale pratico per l'), di G.
MARCHI, 2ª ed. di pag. xx-410, con 265 inc. . . . **3 —**

Operazioni doganali — *vedi* Codice dogan. - Trasporti e tariffe.

Opere pie — *vedi* Enciclopedia amministrativa.

Oratoria — *vedi* Arte del dire - Rettorica - Stilistica.

Orchidee, di A. PUCCI, di pag. vi-303, con 95 inc. . **3 —**

Ordinamento degli Stati liberi d'Europa, di F. RACIOPPI,
2ª ediz. di pag. xii-316 . . . . **3 —**

Ordinamento degli Stati liberi fuori d'Europa, di F. RA-
CIOPPI, di pag. viii-376 . . . . **3 —**

Ordinamento giudiziario — *vedi* Leggi sull'.

Orecchio (Malattie dell') — *vedi* Oto-rino-laringojatria.

Orefice (Manuale per l') Seconda edizione del manuale
« Gioielleria oreficeria » di E. BOSELLI. Metalli utensili, pietre, valute e monete, tariffe doganali, mar-
chio dell'oreficeria; a cura di F. BOSELLI, p. xi-370. **4 —**

Oreficeria — *vedi* Leghe metall. - Met. preziosi - Saggiatore.

Organoterapia, di E. REBUSCHINI, pag. viii-432 . . . **3 50**

Oriente antico — *vedi* Storia antica.

Orine — *vedi* (Analisi delle) Chimica clinica.

Ornatista (Manuale dell'), di A. MELANI. Raccolta di
iniziali miniate e incise, d'inquadrature di pagina,
di fregi e finalini, esistenti in opere antiche di bi-
blioteche, musei e collezioni private. XXVIII tavole
in colori per miniatori calligrafi, pittori di insegne,
ricamatori incisori, disegnatori di caratteri, ecc. 2ª ed. **4 50**

Ornitologia Italiana (Manuale di), di E. ARRIGONI degli
ODDI. Elenco descrittivo degli uccelli stazionari o di
passaggio finora osservati in Italia. di pag. 907 con
36 tavole e 401 inc. da disegni originali . . . . . **15 —**

Oro — *vedi* Alligaz. - Metalli prez. - Metallurgia dell'oro.

Orologeria moderna, di E. GARUFFA, p. viii-302, 276 inc. **5**

L. c.

Orologi artistici — *vedi* Amatore di oggetti d'arte.

Orologi solari — *vedi* Gnomonica.

Orticoltura, di D. TAMARO, 3ª ediz., pag. XVI-598, 128 inc. 4 50

Ortocromatismo — *vedi* Fotografia.

Ortoepia e ortografia italiana moderna, di G. MALAGOLI
di pag. XVI-193 . . . . 1 50

Ortofrenia (Manuale di), per l'educazione dei fanciulli
frenastenici o deficienti (idioti, imbecilli, tardivi, ecc.)
di P. PARISE, di pag. XII-231 . . . . 2 —

Ortografia — *vedi* Ortoepia.

Ortotteri — *vedi* Imenotteri ecc.

Ossidazione — *vedi* Metallocromia.

Ostetricia (Manuale di). *Ginecologia minore*, per le le-
vatrici, di L. M. BOSSI, di pag. XV-493. con 113 inc. 4 50

Ostricoltura e mitilicoltura, di D. CARAZZI, pag. VIII-202 2 50

Oto-rino-laringoiatria — *v.* Malattie orecchio, naso, e gola.

Ottica, di E. GELCICH, pag. XVI-576, 216 inc. e 1 tav. 6 —

Ottone — *vedi* Leghe metalliche.

Paga giornaliera (Prontuario della), **da cinquanta cen-
tesimi a cinque lire**, di G. NEGRIN, di pag. XI-222. 2 50

Paleoetnologia di J. REGAZZONI, di pag. XI-252 con 10 inc. 1 50

Paleografia, di E. M. THOMPSON, traduzione dall'inglese, con aggiunte e note di G. FUMAGALLI, 2ª ed.
rifatta di pag. XII-178, con 30 inci e 6 tav.. . . . 2 —

Paleografia musicale — *vedi* Semiografia.

Paleontologia (Compendio di), di P. VINASSA DE REGNY
di pag. XVI-512 con 356 figure 5 50

Pallone (Giuoco del) — *vedi* Giuoco.

Pane (il) e la panificazione di G. ERCOLANI (in lavoro).

Parafulmini — *vedi* Elettricità - Fulmini.

Parassiti dell'uomo — *vedi* Animali.

Parrucchiere (Manuale del), di A. LIBERATI, 1904, di
pag. XII-219, con 88 inc. 2 50

Pasticcere e confettiere moderno, di G. CIOCCA. Racc.
comp. di ricette per ogni genere di biscotti, torte, paste
al lievito, petit fours, confetteria, creme, frutti canditi,
gelati, ecc., c. metodo prat. p. la decoraz. d. torte e dolci
fantasia, e pref. del Dr. Cav. ALBERTO COUGNET. 1907,
pag. L-274, illust. da circa 300 dis. e 36 tav. a col. (Prem.
c. Gran Dip. e Med. d'oro alla ª Esp. Gast. Milano 1905). 8 50

Patate (Le) di gran reddito. Loro coltura, loro importanza
nell'alimentaz. del bestiame, nell'economia domest. e
negli usi industr.; di N. ADUCCI, p. XXIV-221, c. 20 inc. 2 50

Pazzia — *vedi* Assistenza pazzi - Psichiatra - Grafologia.

Pecore — *vedi* Razze bovine, ecc.

Pedagogia — *vedi* Balbuzie - Campicello scolastico - Didattica - Giardino infantile - Igiene scolastica - Ortof.

Pediatria — *vedi* Nutrizione del bambino - Ortopedia - Terapia - Malattie infanzia.

Pellagra (La), Storia, eziologia, patogenesi, profilassi,
di G. ANTONINI, di pag. VIII-166 con 2 tav. . . . 2 —

L. c.

Pelle (Malattie della) — *vedi* Igiene della

Pelli — *vedi* Concia delle pelli

Pensioni — *vedi* Società di mutuo soccorso.

Pepe — *vedi* Prodotti agricoli.

Perfosfati — *vedi* Fosfati - Concimi - Chimica agraria.

Perizia e stima — *vedi* Assicurazioni - Avarie - Codice del perito misuratore - Estimo.

Pesci — *vedi* Ittiologia - Ostricoltura - Piscicoltura.

Pesi e misure — *vedi* Avarie e sinistri marittimi - Metrologia - Misure e pesi inglesi - Monete - Strumenti metrici - Tecnologia monetaria.

Pescatore (Man. del) di L. MANETTI. p. xv-241 c. 107 inc. 2 50

Pesa dei metalli, ferri quadrati, rettangolari-cilindrici, a squadra, a U, a Y, a Z, a T e a doppio T, e delle lamiere e tubi di tutti i metalli, di G. BELLUOMINI, 2ª ediz. di pag. xxiv-248 . . . . 3 50

Pianista (Manuale del), di L. MASTRIGLI, pag. xvi-112 2 —

Piante e fiori sulle finestre, sulle terrazze e nei cortili. Coltura e descrizione delle principali specie di varietà, di A. PUCCI. 3ª ed. rived., p. viii-214, e 117 inc. . 2 50

Piante industriali. Delle piante zuccherine in generale. Piante saccarifiche. Piante alcooliche. Piante narcotiche. Piante aromatiche e profumate. Piante tintorie. Piante da concia. Piante tessili. Piante da carta. Piante da cardare. Piante da spazzole e scope. Piante da legare o intrecciare. Piante da soda. Piante medicinali. Piante da diversi impieghi. Terza ediz. rifatta da A. ALOI, del manuale " Piante industriali „ del GORINI, di pag. xi-274, con 64 incis. 2 50

Piante tessili (Coltivazione ed industrie delle), propriamente dette e di quelle che danno materia per legacci, lavori di intreccio, sparteria, spazzole, scope, carta, ecc., coll'aggiunta di un dizionario delle piante ed industrie tessili, di oltre 3000 voci, di M. A. SAVORGNAN D'OSOPPO, di pag. xii-476, con 72 inc. . . 5 —

Pietre artificiali — *vedi* Imitazioni

Pietre preziose, classificazione, valore, arte del giojelliere, di G. GORINI, (esaurito, è in lavoro la 3ª ediz.)

Pirotecnia moderna, di F. DI MAIO, 2ª edizione riveduta ed ampliata, di pag. xv-183 con 21 inc. 2 50

Piscicoltura d'acqua dolce, di E. BETTONI, di pagine viii-318, con 85 inc. . . . . 3 —

Pittura ad olio, acquerello e miniatura (Man. per dilettante di), (paesaggio, figura e fiori) di G. RONCHETTI, di p. xvi-239, 29 inc. e 24 tav. 4 00

Pittura italiana antica e moderna, di A. MELANI, 2ª ediz. rifatta, di pag. xxx-430 con 23 inc. e 137 tav. 7 50

— *vedi* Anatomia pittorica - Colori e pittura - Decoraz. - Disegno - Luce e colori - Ristauratore dipinti - Scenografia.

Plastica — *vedi* Imitazioni.

Pneumonite crupale con speciale riguardo alla sua cura di A. SERAFINI, di pag. xvi-222 . . . . 2 50

Polizia sanitaria degli animali (Manuale di), d A. MINARDI, di pag. viii-333, con 7 inc. . . . . 3 —

L. c

Pollicoltura, di G. TREVISANI, 6ª ediz. di pag. XVI-230, con 90 incis. **2 50**

Polveri piriche — *vedi* Esplodenti — Pirotecnia.

Pomologia, descrizione delle migliori varietà di Albicocchi, Ciliegi, Meli, Peri, Peschi, di G. MOLON, con 86 incis. e 12 tavole colorate, di pag. XXXII-717 . . . **8 50**

Pomologia artificiale, secondo il sistema Garnier-Valletti, di M. DEL LUPO, pag. VI-132, e 34 inc. . . . . . . **2 —**

Poponi — *vedi* Frutta minori.

Porcellane — *vedi* Maioliche - Ricettario domestico.

Porco (Allevamento del) — *vedi* Maiale.

Porti di mare — *vedi* Lavori marittimi.

Posologia (Prontuario di) dei rimedi più usati nella terapia infantile di A. CONELLI, di pag. VIII-186. . . **2 —**
— *vedi* Impiego ipodermico.

Posta. Manuale postale, di A. PALOMBI. Notizie storiche sulle Poste d'Italia, organizzazione, legislazione, posta militare, unione postale universale, con una appendice relativa ad alcuni servizi access., pag. XXX-309 **3 —**

Prato (Il), di G. CANTONI, di pag. 146, con 13 inc. . **2 —**

Prealpi bergamasche (Guida-itinerario alle), compresa la Valsassina ed i Passi alla Valtellina ed alla Valcamonica, colla prefaz. di A. STOPPANI, e cenni geologici di A. TARAMELLI, 3ª ediz. rifatta per cura della Sezione di Bergamo del C. A. I., con 15 tavole, due carte topografiche, ed una carta e profilo geologico. Un vol. di p. 290 e un vol. colle carte topografiche in busta . **6 50**

Pregiudizi — *vedi* Errori e pregiudizi - Leggende popolari.

Prestiti ipotecari — *vedi* Estimo dei terreni.

Previdenza — *vedi* Assicuraz. - Cooperazioni - Società di M.S.

Privative industriali — *vedi* Codice e leggi d'Italia Volume IV.

Procedura civile - Procedura penale — *vedi* Codici.

Procedura privilegiata fiscale per la riscossione delle imposte dirette — *vedi* Esattore.

Procedura dei piccoli fallimenti — *vedi* Curat. dei fallimenti.

Processi fotomeccanici (I moderni). Fotocollografia, fototipogr. fotocalcografia, fotomodellatura, tricromia, di R. NAMIAS, di p. VIII-316, 53 fig., 41 illust. e 9 tavole . **3 50**

Prodotti agrari — *vedi* Conservazione dei.

Prodotti agricoli del Tropico (Manuale pratico del piantatore), di A. GASLINI. (Il caffè, la canna da zucchero, il pepe, il tabacco, il cacao, il tè, il dattero, il cotone, il cocco, la coca, il baniano, l'aloè, l'indaco, il tamarindo, l'ananas, l'albero d. chinino, la juta, pag. XVI-270 **2 —**

Produzione e commercio del vino in Italia, di S. MONDINI, di pag. VII-303 . . . . **2 50**

Profumiere (Manuale del), di A. ROSSI, con 700 ricette pratiche, di pag. IV-476 e 58 inc. . . . . **5 —**
— *vedi anche* Ricettario domes. - Ricettario indust. - Saponi.

Proiezioni (Le), Materiali, Accessori, Vedute a movimento, Positive sul vetro, Proiezioni speciali, poli-

L. c.

Reclami ferroviarii — *vedi* Trasporti e tariffe.

Registro e Bollo — *vedi* Leggi sulle tasse di.

Regolo calcolatore e sue applicazioni nelle operazioni topografiche, di G. Pozzi, di pag. xv-238 con 182 incisioni e 1 tavola 2 50

Religione — *vedi* Bibbia - Buddismo - Diritto ecclesiastico - Imitazione di Cristo

Religioni e lingue dell'India inglese, di R. Cust, tradotto da A. De Gubernatis, di pag. iv-124 . . . . . . 1 50

Resistenza dei materiali e stabilità delle costruzioni, di P. Gallizia, 2ª ediz. rifatta da C. Sandrinelli di pag. xxiv-476 con 269 incisioni 5 50

Resistenza (Momenti di) **e pesi di travi metalliche composte.** Prontuario ad uso degli Ingegneri, Architetti e costruttori, con 10 figure ed una tabella per la chiodatura di E. Schenck, di pag. xix-188 . . . . . 3 50

Responsabilità — *vedi* Codice dell'ingegnere.

Rettili — *vedi* Zoologia.

Rettorica, ad uso delle Scuole, di F. Capello, di p. vi-122 1 50

Ribes — *vedi* Frutta minori.

Ricami — *vedi* Biancheria - Macchine da cucire - Monogrammi - Piccole industrie - Ricettario domestico - Trine

Ricchezza mobile, di E. Bruni, pag. viii-218 . . . 1 50

Ricettario domestico, di I. Ghersi. Adornamento della casa. Arti del disegno. Giardinaggio. Couservazione di animali, frutti, ortaggi, piante. Animali domestici e nocivi. Bevande. Sostanze alimentari. Combustibil e illuminazione. Detersione e lavatura, smacchiatura. Vestiario. Profumeria e toeletta. Igiene e medicina. Mastici e plastica. Colle e gomme. Vernici ed encaustici. Metalli. Vetrerie, 3ª ediz. rifatta da A. Castoldi. pag. xvi-854. con 4280 ricette e 59 incis. 7 50

Ricettario industriale, di I. Ghersi. Procedimenti utili nelle arti, industrie e mestieri, caratteri; saggio e conservazione delle sostanze naturali ed artificiali di uso comune; colori, vernici, mastici, colle, inchiostri, gomma elastica, materie tessili, carta, legno. flammiferi, fuochi d'artificio, vetro; metalli, bronzatura. nichelatura, argentatura. doratura, galvanoplastica, incisione. tempera, leghe; filtrazione; materiali impermeabili, inconbustibili, artificiali; cascami, olii. saponi, profumeria, tintoria, smacchiatura, imbianchimento; agricoltura, elettricità; 4ª ediz. riveduta e corretta dell'Ing. P. Molfino, pag. vii-704 con 27 incis. e 2887 ricette. 6 50

Ricettario fotografico, 3ª ed. di L. Sassi, pag. xxiv-229 2 —

Ricettario pratico di metallurgia. Raccolta di cognizioni utili ed indispensabili, dedicato agli studiosi e agli operai meccanici, aggiustatori, tornitori, fabbri ferrai, ecc. di G. Belluomini, di pag. xii-328. . . 3 50

Rilievi — *vedi* Cartografia - Compens. errori - Telemetria.

Rimboschimento — *vedi* Consorzi di difesa del suolo - Selvicoltura.

Rimedi — *vedi* Impiego ipodermico - Mat. medica - Posologia

Risorgimento italiano (Storia del) **1814-1870,** con l'aggiunta di un sommario degli eventi posteriori, di

L. BERTOLINI, 2ª ediz. di pag. VIII-208 . . . . . . 1 50

Ristauratore dei dipinti (Il), di G. SECCO-SUARDO, 2 volumi, di pag. XVI-269, e XII-362 con 47 inc. . . . 6 —

Ritmica e metrica razionale italiana, di R. MURARI, di pag. XVI-216 . . . . 1 50

Rivoluzione francese (La) (1789-1799), di G. P. SOLERIO di pag. IV-176 . . . . 1 50

Roma antica — *vedi* Antichità private - Antichità pubbliche - Archeologia d'arte etrusca e romana - Mitologia - Monete - Topografia.

Röntgen (I raggi di) **e le loro pratiche applicazioni,** di I. TONTA, di pag. VIII-160, con 65 inc. e 14 tavole . 2 50 — *vedi* Elettrecità medica - Fototerapia e radioterapia.

Rose (Le). Storia, coltivazione, varietà, di G. GIRARDI, di pag. XVIII-284, con 96 illustr. e 8 tav. cromolit. . 3 50

Rhum — *vedi* Liquorista.

Saggiatore (Man. del), di F. BUTTARI, di pag. VIII-245. 2 50

Sale (Il) **e le saline,** di A. DE GASPARIS. (Processi industriali, usi del sale, prodotti chimici, industria manifatturiera, industria agraria, il sale nell'economia pubblica e nella legislazione), di pag. VIII-358, 24 inc. 3 50

Salsamentario (Manuale del) di L. MANETTI, di pagine 224, con 76 incisioni . . . . 2 — — *vedi* Majale.

Sanatorii — *vedi* Tisici e sanatorii - Tubercolosi.

Sangue — *vedi* Malattie del.

Sanità e sicurezza publica — *vedi* Leggi sulla.

Sanscrito (Avviamento allo studio del), di F. G. FUMI, 3ª ediz. rinnovata, di pag. XVI-343 . . . . . . 4 —

Saponi (L'industria saponiera), con cenni sull'industria della soda e della potassa. Manuale pratico di E. MARAZZA, 2ª ediz., di pag. XII-477 con 132 figure . . 6 50

Sarta da donna — *vedi* Abiti - Biancheria.

Scacchi (Manuale del giuoco degli), di A. SEGHIERI, 3ª ediz.-ampliata da E. MILIANI, con aggiunta della Teoria del giuoco, lo sviluppo delle aperture e 100 finali e 100 problemi, di pag. X-487 . . . . . . 4 50

Scaldamento e ventilazione degli ambienti abitati, di R. FERRINI, 2ª ediz., di pag. VIII-300, con 98 inc. . . 3 —

Scenografia (La). Cenni storici dall'evo classico ai nostri giorni, di G. FERRARI, di pag. XXIV-327, con 16 inc. nel testo, 160 tavole e 5 tricromie . . . . 12 —

Scherma italiana, di J. GELLI, 2ª ediz., pag. VI-251, 108 fig. 2 50

Sciarade — *vedi* Enimmistica.

Scienze filosofiche — *vedi* Dizionario di.

Scienze occulte — *vedi* Chiromanzia - Fisonomia - Grafologia - Magnetismo - Occultismo - Spiritismo - Telepatia.

Scritture d'affari (Precetti ed esempi di), per uso delle Scuole tecniche, popolari e commerciali, di D. MAFFIOLI, 3ª ediz. ampliata e corretta, di pag. VIII-221 . 1 50

Sconti — *vedi* Interesse e sconto.

L. c.

Scoperte geografiche — *vedi* Cronologia.

Scoltura italiana antica e moderna (Manuale di), di A. MELANI, 2ª ediz. rifatta con 24 inc. nel testo e 100 tavole, di pag. XVII-248 . . . . ● . . . 5 —

Segretario comunale (Manuale del). Enciclopedia amministrativa, di E. MARIANI, di pag. XV-1337 . . . . . 12 50
— *vedi* Esattore.

Selvicoltura (La) e il rimboschimento di V. PERONA, a cura della Società degli agricoltori di Roma (In lav.)

Selvicoltura, di A. SANTILLI, di pag. VIII-220, e 46 inc. 2 —
— *vedi* Consorzi di difesa del suolo.

Semeiotica. Breve compendio dei metodi fisici di esame degli infermi, di U. GABBI, di p. XVI-216. con 11 incis. 2 50

Semiografia musicale, (Storia della) di G. GASPERINI. Origine e sviluppo della scrittura musicale nelle varie epoche e nei vari paesi, di pag. VIII-317 . . . . . . 3 50

Sericoltura — *vedi* Bachi da seta - Filatura - Gelsicoltura - Industria della seta - Tessitore - Tintura della seta.

Servizi pubblici — *vedi* (Municipalizzazione dei).

Sagou — *vedi* Fecola.

Shakespeare, di DOWDEN, trad. di A. BALZANI, p. XII-242 1 50

Seta (Industria della), di L. GABBA, 2ª ediz., pag. VI-208. 2 —

Seta — *vedi* Bachi da seta - Filatura e torcitura della seta - Gelsicoltura - Tessitore - Tessitura - Tintura della seta.

Seta artificiale, di G. B. BACCIONE, di pag. VIII-221 . 3 50
— *vedi* Imitazioni.

Sfere cosmografiche e loro applicazione alla risoluzione di problemi di geografia matem., A. ANDREINI (in lav.).

Sicurezza pubblica — *vedi* Leggi di sanità.

Siderurgia (Man. di), V. ZOPPETTI, pubblicato e completato per cura di E. GARUFFA, di p. IV-368, con 220 incis. 5 50

Sieroterapia, di E. REBUSCHINI, di pag. VIII-424 . . 3 —

Sigle epigrafiche — *vedi* Dizionario di abbreviature.

Sindaci (Guida teorico-pratica pei), Segretari comunali e provinciali e delle opere pie, di E. MARIANI — *vedi* Enciclopedia amministrativa.

Sinistri marittimi — *vedi* Avarie.

Sintassi francese, razionale pratica, arricchita della parte storico-etimologica, della metrica, della fraseologia commerciale ecc., di D. RODARI, di pag. XVI-206. . 1 50

Sintassi francese — *vedi* Esercizi sintattici.

Sintassi greca, di V. QUARANTA, di pag. XVIII-175. . 1 50

Sintassi latina, di T. G. PERASSI, di pag. VII- 168. . 1 50

Sismologia, di L. GATTA, di pag. VIII-175, con 16 incis. 1 50

Smalti — *vedi* Amatore d'oggetti d'arte - Fotosmaltografia - Ricettario industriale.

Soccorsi d'urgenza, di C. CALLIANO, 6ª ediz. riveduta ed ampliata, di pag. XL-428, con 134 incis. e 1 tav. . 3 50
— *vedi* Infortuni della montagna.

Socialismo, di G. BIRAGHI, di pag. XV-285 . . . . . 3 —

Società di mutuo soccorso. Norme per l'assicurazione

L. c.

delle pensioni e dei sussidi per malattia e per morte
di G. GARDENGHI, di pag. VI-152. . . . . 1 50

Società industriali italiane per azioni, di F. PICCINELLI,
di pag. XXXVI-534 . . . . 5 50
— *vedi* Debito pubblico - Prontuario del ragioniere - Valori pubblici.

Sociologia generale (Elementi di), di E. MORSELLI, di
pag. XII-172 . . . . 1 50

Soda caustica, cloro e clorati alcalini per elettrolisi. Fabbricaz. chimica, P. VILLANI, p. VIII-314, e una tav. 3 50

Sorbettiere — *vedi* Caffettiere.

Sonno — *vedi* Igiene del.

Sordomuto (Il) **e la sua istruzione.** Manuale per gli allievi e allieve delle R. Scuole normali, maestri e genitori, di P. FORNARI, di pag. VIII-232, con 11 inc. 2 —
— *vedi anche* Ortofrenia.

Sostanze alimentari — *vedi* Conservazione delle.

Specchi (Fabbricazioni degli) **e la decorazione del vetro
e cristallo,** di R. NAMIAS, di p. XII-156 con 14 incis. . 2 —
— *vedi* Fotomaltografia - Vetro.

Speleologia. Studio delle caverne, C. CASELLI, p. XII-163 1 50

Spettrofotometria (La) applicata alla Chimica fisiologica,
alla Clinica e alla Medicina legale, di G. GALLERANI,
di pag. XIX-395, con 92 incisioni e tre tavole . . . 3 50

Spettroscopio (Lo) **e le sue applicazioni,** di R. A. PRO-
CTOR, traduzione con note ed aggiunte di F. PORRO
di pag. VI-179, con 71 inc. e una carta di spettri . 1 50

Spiritismo, di A. PAPPALARDO. Terza edizione aumentata, con 9 tavole, di pag, XVI-226 . , ... 2 —
— *vedi anche* Magnetismo - Occultismo - Telepatia.

Spirito di vino — *vedi* Alcool - Cognac - Distillaz. - Liquorista.

Sport — *vedi* Acrobatica e atletica - Alpinismo - Automobilista - Ballo - Biliardo - Cacciatore - Cane - Canottaggio
- Cavallo - Ciclista - Codice cavalleresco - Corse - Dizionario alpino - Duellante - Filonauta - Furetto (Il) - Ginnastica - Giuochi ginnastici - Giuoco del pallone - In-
fort. di mont. - Lawn-Tennis - Motociclista - Nuotatore -
Pescatore - Proverbi sul cavallo - Pugilato - Scherma.

Stagno (Vasellame di) — *vedi* Amatore di oggetti d'arte e
di curiosità - Leghe metalliche.

Stampa dei tessuti — *vedi* Industria tintoria.

Stampaggio a caldo e bolloneria, di G. SCANFERLA, di
pag. VIII-160, con 62 incisioni . . . . 2 —

Stabilità delle costruzioni — *vedi* Resistenza dei materiali -
Resistenza e pesi di travi metalliche.

Stabilimenti balneari — *vedi* Acque minerali.

Statica — *vedi* Metrologia - Strumenti metrici.

Statistica, di F. VIRGILII, 3ª ed. rifatta, di p. XIX-225 . 1 50

Stearineria (L'industria stearica). Manuale pratico di
E. MARAZZA, di pag. XI-284, con 70 incisioni . . . 5 —

Stelle — *vedi* Astron. - Cosmogr. - Gravitaz. - Spettroscopio.

Stemmi — *vedi* Araldica - Numismatica - Vocab. araldico.

L. c.

Stenografa, di G. Giorgetti (secondo il sistema Gabelsberger-Noè), 3ª edizione rifatta di pag. xv-239 . 3 —

Stenografia, (Guida per lo studio della) sistema Gabelsberger-Noè, compilata in 35 lezioni da A. Nicoletti, 5ª edizione riveduta e corretta, di pag. xv-160 . . 1 50

Stenografia. Esercizi graduali di lettura e di scrittura stenografica (sistema Gabelsberger-Noè), di A. Nicoletti, 3ª edizione di pag. viii-160 . . . . 1 50

— *vedi anche* Antologia stenografica - Diz. stenografico.

Stenografo pratico (Lo) di L. Cristofoli, di pag. xii-131 1 50

Stereometria applicata allo sviluppo dei solidi e alle loro costruzioni in carta, di A. Rivelli, di pag. 90, con 92 incisioni e 41 tavole . . . . 2 —

Stilistica, di F. Capello, di pag. xii-164 . . . . . 1 50

Stilistica latina, di A. Bartoli, di pag. xii-210 . . . 1 50

Stimatore d'arte — *vedi* Amatore oggetti d'arte - Amatore di maioliche - Armi antiche Raccoglitore di oggetti.

Stomatojatria. — *vedi* Oto-rino-laringojatria.

Storia ant. Vol. I. *L'oriente ant.*, di I. Gentile, p. xii-232 1 50
   Vol. II. *La Grecia* di G. Toniazzo, di pag. iv-216 1 50

Storia dell'Arte. (Corso element. di G. Carotti. Vol. I. *L'arte dell'evo antico*, di pag. lv-413, con 590 nci. 6 50

— Vol. II. *L'Arte del medio evo* (in lavoro).

— Vol. III. *L'Arte del rinascimento* (in lavoro).

— Vol. IV. *L'Arte dell'evo moderno* (in lavoro).

Storia dell'Arte militare antica e moderna, del Cap. V. Rossetto, con 17 tavole illustr. di pag. viii-504 . . 5 50

Storia dell'arte militare — *vedi* Armi antiche.

Storia e cronologia medioevale e moderna, in CC tavole sinottiche, di V. Casagrandi, 3ª edizione, con nuove correzioni ed aggiunte, di pagine viii-254 . . . . 1 50

— *vedi* Cronologia universale.

Storia d'Europa, di E. A. Freeman. Edizione italiana per cura di A. Galante, di pagine xii-472. . . . 3 —

Storia della ginnastica — *vedi* Ginnastica.

Storia d'Italia (Breve), di P. Orsi, 3ª edizione riveduta di pagine xii-281 . . . . 1 50

Storia di Francia, dai tempi più remoti ai giorni nostri, di G. Bragagnolo, di pag. xvi-424. . . . . . . 3 —

Storia d'Inghilterra dai tempi più remoti ai giorni nostri, di G. Bragagnolo, di pag. xvi-367 . . . . 3 —

Storia — *vedi* Argentina - Astronomia nell'antico testamento - Commercio - Cristoforo Colombo - Cronologia - Dizionario biografico - Etnografia - Islamismo - Leggende - Manzoni - Mitologia - Omero - Rivoluzione francese - Shakespeare.

Storia Romana — *vedi* Antichità private - Antichità pubbliche - Topografia di Roma.

Storia della musica, di A. Untersteiner, 2ª ediz. ampliata, di pag. xii-330. . . . . 3 —

Storia naturale — *vedi* Agraria - Acque minerali e term.

L. c

- Anatomia e fisiologia comp. - Anatomia microscopica
- Animali parass. uomo - Antropologia - Batteriologia -
Biologia animale - Botanica - Coleotter - Cristallografia
- Ditteri - Embriol. e morfologia gen. - Fisica cristallografica - Fisiologia - Geologia - Imenotteri ecc. - Insetti
nocivi - Insetti utili - Ittiologia - Lepidotteri - Limnologia - Metalli preziosi - Mineralogia generale - Mineralogia descrittiva - Naturalista preparatore - Naturalista
viaggiatore - Oceanografia - Ornitologia - Ostricoltura e
mitilicoltura - Paleoetnologia - Paleontologia - Pietre
preziose - Piscicoltura - Sismologia - Speleologia - Tecnica protistol. - Uccelli canori - Vulcanismo - Zoologia.

Strade ferrate (Le) In Italia. Regime legale economico
ed amministrativo di F. TAJANI, di pag. VIII-265. . 2 50

Strumentazione, per E. PROUT, versione italiana con
note di V. RICCI, 2ª ediz. di pag. XVI-314, 95 incis. 2 50

Strumenti ad arco (Gli) **e la musica da camera,** del Duca
di CAFFARELLI, di pagine X-235 . . . . 2 50
— vedi anche Chitarra - Mandolinista - Pianista - Violino
- Violoncello

Strumenti metrici (Principî di statica e loro applicazione alla teoria e costruzione degli), di E. BAGNOLI,
di pagine VIII-252, con 192 incisioni 3 50

Stufe — vedi Scaldamento.

Suini — vedi Majale - Razze bovine.

Suono — vedi Luce e suono

Succedanei — vedi Ricettario industriale - Imitazioni.

Sughero — vedi Imitazioni e succedanei.

Surrogati — vedi Ricettario industriale - Imitazioni.

Tabacco, di G. CANTONI, di pagine IV-176 con 6 inc. 2 —

Tabacchiere — vedi Amatore di oggetti d'arte - Raccoglitore di oggetti.

Tacheometria — vedi Celerimensura - Telemetria - Topografia - Triangolazioni.

Tannini (I) nell'uva e nel vino, di R. AVERNA-SACCÀ,
di pag. VIII-240 . . . . 2 50

Tapioca — vedi Fecola.

Tariffe ferroviarie — v. Codice doganale - Trasporti e tariffe.

Tartufi (I) **e i funghi,** loro natura, storia, coltura, con-
servaz. e cucinatura, di FOLCO BRUNI, pag. VIII-184 2 —

Tasse di registro, bollo, ecc. — vedi Codice di bollo - Esattore - Imposte - Leggi, tasse registro e bollo - Notaio -
Ricchezza mobile.

Tassidermista -- vedi Imbalsamat. - Naturalista viaggiatore.

Tatuaggio — vedi Chiromanzia e tatuaggio.

Tavole logaritmiche — vedi Logaritmi.

Tè — vedi Prodotti agricoli.

Teatro — vedi Letteratura drammatica - Codice del teatro

Tecnica microscopica — vedi Anat. microscop. - Microscopio.

Tecnica protistologica, di L. MAGGI, di pag. XVI-318 . 3 —

Tecnologia — vedi Dizionario tecnico.

Tecnologia meccanica — vedi Modellatore meccanico.

Tecnologia e terminologia monetaria, di G. SACCHETTI,
di pagine XVI-191 . . . . 2 —

L. c.

Telefono (Il), di G. MOTTA. Sostituisce il manuale. « Il telefono » di D. V. PICCOLI), p. 327, con 149 inc. e 1 tav. 3 50

Telegrafia, elettrica, aerea, sottomarina e senza fili, di R. FERRINI, 3ª edizione, pag. VIII-322, con 104 incis. 2 50
— vedi Cavi telegrafici.

Telegrafo senza fili e Onde Hertziane, di O. MURANI, di pag. xv-341, con 172 incisioni. . . , . . . 3 50

Telemetria, misura delle distanze in guerra, di G. BERTELLI, di pag. XIII-145, con 12 zincotipie. . . . . 2 —

Telepatia (Trasmissione del pensiero), di A. PAPPALARDO. 2ª edizione, di pag. XVI-279. . . . . . 2 50
— vedi anche Magnetismo e Ipnotismo - Occultismo - Spiritismo.

Tempera e cementazione, di S. FADDA, p. VIII-108, 20 inc. 2 —

Teoria dei numeri (Primi elementi della), di U. SCARPIS, di pagine VIII -152 . . . . 1 50

Teoria delle ombre, con un cenno sul chiaroscuro e sul colore dei corpi, E. BONCI, p. VIII-164, 36 tav. e 62 fig. 2 —

Teosofia, di GIORDANO G., di pag. VIII-248. . . . . 2 50

Termodinamica, di G. CATTANEO. di pag.x-196, 4 fig. . 1 50

Terremoti — vedi Sismologia - Vulcanismo.

Terreni — vedi Chimica agraria - Concimi - Humus.

Terreno agrario. Manuale di Chimica del terreno, di A. FUNARO, di pag. VIII-200 . . . . 2 —

Tessitore (Manuale del), di P. PINCHETTI, 2ª edizione riveduta, di pag. XVI-312, con illustrazioni 3 50

Tessitura meccanica della seta di P. PONCI, di pagine XII-343, con 179 incisioni 4 50

Tessuti di lana e di cotone (Analisi e faboricazione dei). Manuale pratico razionale, di O. GIUDICI, di pagine XII-864 con 1098 incisioni colorate 16 50

Testamenti (Manuale dei), per cura di G. SERINA, 2ª edizione riveduta ed aumentata di pag. xv-312 . . 3 —

Tigrè-Italiano (Manuale), con due dizionarietti italiani-tigrè e tigrè-italiano ed una cartina dimostrativa degli idiomi parlati in Eritrea, di M. CAMPERIO, di p. 180 . 2 50

Tintore (Manuale del), di R. LEPETIT, 4ª ediz. di pag. XVI-466, con 20 incisioni. . . . . 5 —

Tintoria — vedi Industria tintoria.

Tintura della seta, studio chimico tecnico, di T. PASCAL, di pagine XVI-432 . . . . 5 —

Tipografia (Vol. I). Guida per chi stampa e fa stampare. Compositori, Correttori, Revisori, Autori ed Editori, di S. LANDI, di pagine 280. . . . . 2 50

Tipografia (Vol. II). Lezioni di composizione ad uso degli allievi e di quanti fanno stampare, di S. LANDI, di pagine VIII-271, corredato di figure e di modelli . . 2 50
— vedi anche Vocabolario tipografico.

Tisici e sanatorii (La cura razionale dei), di A. ZUBIANI, prefaz. di B. SILVA, pag. XLI-240, 4 inc. . . 2 —

L. c.

— *vedi* Tubercolosi.

Titoli di rendita — *vedi* Debito pubblico - Valori pubblici.

Topografia (Manuale di) di G. DEL FABRO.

Topografia e rilievi — *vedi* Cartografia - Catasto - Celerimensura - Codice d. perito - Compensazioni errori - Curve - Disegno topografico - Estimo terreni - Estimo rurale - Fotogrammetria - Geometria pratica - Prospettiva - Regolo calcolatore - Telemetria - Triangolazioni.

Topografia di Roma antica, di L. BORSARI, di pag. VIII-436, con 7 tavole 4 50

Torcitura della seta — *vedi* Filatura.

Tornitore meccanico (Guida pratica del), ovvero sistema unico per calcoli in generale sulla costruzione di viti e ruote dentate, di S. DINARO, 3ª ediz., di pag. x-147 2 —

Tossicologia — *vedi* Analisi chimica - Chimica legale - Veleni.

Traduttore tedesco (Il), compendio delle principali difficoltà grammaticali della Lingua Tedesca, di R. MINUTTI, di pag. xvi-224 . . . . 1 50

Trasporti, tariffe, reclami ferroviari ed operazioni doganali. Manuale pratico ad uso dei commercianti e privati, colle norme per l'interpretazione delle tariffe vigenti, di A. G. BIANCHI, 2ª ediz. rifatta, p. xvi-208 2 —

Travi metallici composti — *vedi* Resistenza.

Trazione a vapore sulle ferrovie ordinarie, di G. OTTONE, di pag. LXVIII-469. . . . . 4 50

Triangolazioni topografiche e triangolazioni catastali, di O. JACOANGELI, Modo di fondarle sulla rete geodetica, di rilevarle e calcolarle, di pag. xiv-340, con 32 incisioni, 4 quadri, 32 modelli pei calcoli 7 50

Trigonometria piana (Esercizi ed applicazione di), con 400 esercizi e problemi proposti da C. ALASIA, pag. xvi-292, con 30 incisioni. 1 50

Trigonometria — *v.* Celerimensura - Geom. metr. - Logaritmi.

Trigonometria della sfera — *vedi* Geom. e trigonom. della.

Trine (Le) **a fuselli in Italia**. Loro origine, discussione, confronti, cenni bibliografici, analisi, divisione, istruzioni tecnico-pratiche con 200 illustrazioni nel testo di GIACINTA ROMANELLI-MARONE, di pag. VIII-331 . 4 50

Tubercolosi (La) di M. VALTORTA e G. FANOLI, con pref. del Prof. AUGUSTO MURRI, di pag. XIX-291, con 11 tav. 3 —

— *vedi* Tisici.

Uccelli — *vedi* Ornitologia.

Uccelli canori (I nostri migliori). Loro caratteri e costumi. Modo di abituarli e conservarli in schiavitù. Cura delle loro infermità. Maniera per ottenere la produz. del Canarino, di L. UNTERSTEINER, p. xii-175 2 —

Ufficiale (Manuale dell') del Regio Esercito Italiano, di U. MORINI, di pag. xx-388. . . . . 3 50

Ufficiale sanitario — *vedi* Igienista.

Unità assolute. Definizione, Dimensioni, Rappresentazione, Problemi, di G. BERTOLINI, pag. x-124 . . . . 2 —

L. c.

Urina (L') nella diagnosi delle malattie. Trattato di chimica e microsc. clinica dell'urina, F. JORIO, p. XVI-216 2 —
Usciere — *vedi* Conciliatore.
Usi mercantili (Gli). Raccolta di tutti gli usi di piazza riconosciuti dalle Camere di Commercio ed Arti in Italia, di G. TRESPIOLI, di pag. XXXIV-689 . . . . 6 —
— *vedi* Commerciante.
Uva spina — *vedi* Frutta minori.
Uve da tavola. Varietà, coltivaz, e commercio, di D. TAMARO, 3ª ed., p. XVI-278, tavole color. 7 fototip. e 57 inc. 4 —
Valli lombarde — *vedi* Diz. alpino - Prealpi bergamasche.
Valori pubblici (Manuale per l'apprezzamento dei), e per le operazioni di Borsa, di F. PICCINELLI, 2ª ed. rifatta e accresciuta, di pag. XXIV-902 . . . . . . 7 50
— *vedi* Debito pubblico - Società per azioni.
Valutazione — *vedi* Prontuario del ragioniere.
Vasellame antico - *vedi* Amatore di oggetti d'arte e curiosità.
Veleni ed avvelenamenti, di C. FERRARIS, di pagine XVI-208, con 20 incis. 2 50
Velocipedi — *vedi* Ciclista.
Ventagli artistici — *vedi* Amatore di oggetti d'arte e di curiosità - Raccoglitore di oggetti minuti.
Ventilazione — *vedi* Scaldamento.
Verbi greci anomali (I), di P. SPAGNOTTI, secondo le Grammatiche di CURTIUS e INAMA, pag. XXIV-107 . 1 50
Verbi latini di forma particolare nel perfetto e nel supino, di A. F. PAVANELLO, con indice alfabetico di dette forme, di pag. VI-215. . . . . 1 50
Vermouth — *vedi* Liquorista.
Vernici (Fabbricazione delle), **e prodotti affini, lacche, mastici, inchiostri da stampa, ceralacche,** di U. FORNARI, 2ª ediz. ampliata di pag. XII-244 . . . . 2 —
Veterinario (Manuale per il) di C. ROUX e V. LARI, di pag. XX-356, con 16 incis. 3 50
— *vedi* Araldica zootecnica - Cavallo - Igiene veterinaria Malattie infettive - Majale - Polizia sanitaria ecc. ecc.
Vetri artistici — *vedi* Amatore oggetti d'arte - Specchi - Fotosmaltografia.
Vetro, (II) Fabbricazione, lavorazione meccanica, applicazione alle costruzioni, alle arti ed alle industrie, di G. D'ANGELO, di pag. XIX-527, con 325 figure intercalate, delle quali 25 in tricromia 9 50
— *vedi* Fotosmaltografia - Specchi.
Vini bianchi da pasto e vini mezzo colore (Guida pratica per la fabbricazione, l'affinamento e la conservazione dei), di G. A. PRATO, pag. XII-276, 40 inc. 2 —
Vino (Il) di G. GRASSI-SONCINI, di pag. XVI-152 . . 2 —
Vino aromatizzato — *vedi* Adulteraz - Cognac - Liquorista.
Violino (Storia del), **dei violinisti e della musica per violino,** di A. UNTERSTEINER, con una appendice di A. BONAVENTURA, di pag. VIII-228 . . . . . . 2 50

L. c.

Violoncello (II), il violoncellista ed i violoncellisti, di S. FORINO, di pag. XVII-444 . . . . 4 50

Viticoltura. Precetti ad uso dei Viticultori italiani, di O. OTTAVI. 6ª ed. riveduta ed ampliata da A. STRUCCHI, di pag. XVI-232, con 30 inc. . . . . 2 —
— *vedi* Ampelografia - Enologia.

Vocabolarietto pei numismatici (in 7 lingue), di S. AMBROSOLI, di pag. VIII-134. . . . . 1 50

Vocabolario araldico ad uso degli italiani, di G. GUELFI, di pag. VIII-294, con 356 incis. 3 50

Vocabolario compendioso della lingua russa, V. VOINOVICH, di pag. XVI-238 . . . . 3 —

Vocabolario tecnico illustrato nelle sei lingue: Italiana, Francese, Tedesca, Inglese, Spagnuola, Russa, sistema Deinhardt-Schlomann, diviso in volumi per ogni singolo ramo della tecnica industriale, compilato da Ingegneri speciali dei vari paesi con la collaborazione di numerosi stabilimenti industriali.
VOLUME I. Elementi di macchine e gli utensili più usuali per la lavorazione del legno e del metallo, in 16, di p. VIII-403, con 823 inc. e una *Prefazione* dell'Ing. Prof. G. COLOMBO. . 6 50
I volumi II. e seguenti sono in preparazione e comprenderanno le seguenti materie:
II. Impianti elettrici e trasmissioni di forze elettriche; macchine ed apparecchi elettrici, con un appendice ferrovie elettriche. — III. Caldaie e macchine a vapore. — IV. Macchine idrauliche (turbine, ruote ad acqua, pompe a stantuffo e centrifughe. — V. Elevatori e trasportatori. — VI. Utensile e macchine utensili. — VII. Ferrovie e costruzione di macchine ferroviarie. — VIII. Costruzioni in ferro e ponti. — IX. Metallurgia. — X Forme architettoniche. – XI. Costruzioni navali. — XII. Industrie tessili.

Vocabolario tipografico, di S. LANDI (In lavoro).

Volapük (Dizionario italiano-volapük), preceduto dalle Nozioni compendiose di grammatica della lingua di C. MATTEI, secondo i principi dell'inventore M. SCHLEYER, ed a norma del *Dizionario Volapuk* ad uso dei francesi, di KERCKHOFFLS, di pag. XXX-198 . 2 50

Volapük (Dizion. volapük-ital.), di C. MATTEI, p. XX-204 2 50

Volapük, Manuale di conversazione e raccolta di vocaboli e dialoghi italiani-volapük, per cura di M. ROSA, TOMMASI e A. ZAMBELLI, di pag. 152 . . . . . . 2 50

Volatili — *vedi* Animali da cortile - Colombi - Pollicoltura

Vulcanismo, di L. GATTA, di pag. VIII-268 e 28 inc. . 1 50

Zecche — *vedi* Terminologia monetaria.

Zolfo (Le miniere di), di G. CAGNI, di pag. XII-275, con 34 inc. e 10 tabelle . . . . 3 —

Zoologia, di E. H. GIGLIOLI e CAVANNA G.
I. Invertebrati, di pag. 200, con 45 figure . . 1 50
II. Vertebrati, Parte I, Generalità, Ittiopsidi (Pesci ed Anfibi), di pag. XVI-156, con 33 inc. 1 50
III. Vertebrati. Parte II, Sauropsidi, Teriopsidi (Rettili, Uccelli e Mammiferi), di pag. XVI-200, 22 inc. 1 50

L. c.

Zoonosi di B. GALLI VALERIO, di pag. xv-227. . . . 1 50

Zootecnia, di G. TAMPELINI, 2ª ediz. interamente rifatta
di pag. xvi-444 con 179 inc. e 12 tavole 5 50
— *vedi* Araldica Zootecnica - Bestiame - Razze bovine.

Zucchero e alcool nei loro rapporti agricoli, fisiolog. e
sociali, di S. LAURETI. Di pag. xvi-426 . . . . . 4 50

Zucchero (Industria dello):

I. *Coltivazione della barbabietola da zucchero,*
di B. R. DEBARBIERI, di pag. xvi-220, con 12 inc. . 2 50

II. *Commercio, importanza economica e legisla-*
zione doganale, di L. FONTANA-RUSSO, di pag. xii-244 2 50

III. *Fabbricazione dello zucchero di barbabietola,*
di A. TACCANI, di pag. xii-228, con 71 inc. . . . 3 50
— *vedi* Barbabietola.

INDICE ALFABETICO PER AUTORI

9 781275 917743